商务交际韩国语

(第二版)

李 民　（韩）安硕柱　编著

北京大学出版社
PEKING UNIVERSITY PRESS

图书在版编目(CIP)数据

商务交际韩国语 / 李民,(韩)安硕柱 编著. —2版. —北京:北京大学出版社,2021.11
21世纪韩国语系列教材
ISBN 978-7-301-32615-2

Ⅰ.①商… Ⅱ.①李…②安… Ⅲ.①商务–朝鲜语–高等学校–教材 Ⅳ.①F7

中国版本图书馆 CIP 数据核字 (2021) 第 204413 号

书　　　名	商务交际韩国语(第二版)
	SHANGWUJIAOJI HANGUOYU (DI-ER BAN)
著作责任者	李　民　〔韩〕安硕柱　编著
责任编辑	刘　虹
标准书号	ISBN 978-7-301-32615-2
出版发行	北京大学出版社
地　　　址	北京市海淀区成府路 205 号　100871
网　　　址	http://www.pup.cn　　新浪微博:@北京大学出版社
电子信箱	554992144@qq.com
电　　　话	邮购部 010-62752015　发行部 010-62750672　编辑部 010-62759634
印　刷　者	河北滦县鑫华书刊印刷厂
经　销　者	新华书店
	787 毫米×1092 毫米　16 开本　14 印张　320 千字
	2008 年 8 月第 1 版
	2021 年 11 月第 2 版　2022 年 8 月第 2 次印刷
定　　　价	65.00 元

未经许可,不得以任何方式复制或抄袭本书之部分或全部内容。
版权所有,侵权必究
举报电话:010-62752024　电子信箱:fd@pup.pku.edu.cn
图书如有印装质量问题,请与出版部联系,电话:010-62756370

普通高等教育"十一五"国家级规划教材

"21世纪韩国语系列教材"专家委员会

主任委员：
  安炳浩 北京大学 教授
            中国朝鲜语/韩国语教育研究学会会长
  张光军 解放军外国语学院亚非系主任 博导
            教育部外语教学指导委员会委员
            大韩民国国语国文学会海外理事
  张 敏 北京大学 教授 博导
  牛林杰 山东大学 教授 博导

委　员：
  金永寿 延边大学朝鲜韩国学院院长 教授
  苗春梅 北京外国语大学亚非学院韩国语系主任 教授
  何彤梅 大连外国语大学韩国语系 教授
  王　丹 北京大学外国语学院朝鲜(韩国)语言文化系主任 教授 博导

韩国专家顾问：
  闵贤植 韩国首尔大学国语教育系 教授
  姜信沆 韩国成均馆大学国语国文系 教授
  赵恒禄 韩国祥明大学国语教育系 教授

作者介绍

李民，教授，大连外国语大学韩国语学院院长，硕士研究生导师。北京大学文学博士，主要研究方向为中韩、韩中口笔译理论与教学。主持并完成国家社科特别委托项目子课题、教育部人文社科基金青年项目、辽宁省社科规划项目各1项，著有《韩汉翻译研究：理论与技巧》等论著，在国内外核心期刊发表论文二十余篇。入选辽宁省第十一批"百千万人才工程"千人层次、第十四批"百千万人才工程"百人层次。荣获省级教学信息化大赛一等奖、教学成果二等奖。讲授《零起点韩国语入门》课程入选中国高校外语慕课平台（UMOOCs）和"学习强国"平台，并入选首批辽宁省一流本科课程。

〔韩〕安硕柱：男，毕业于韩国檀国大学贸易专业。长期在第一线上从事中韩贸易交流工作，在中国驻在多年，实战经验丰富，并参与了多部韩国语教材的编写和审校工作。

总 序

中国与韩国建交十余年以来,两国间的政治、经济、文化往来迅速发展。整个社会对韩国语人才的需求不断扩大。为了适应中韩两国关系飞速发展的需要,架构两国友好交流的桥梁,国内许多高校开设了韩国语专业,招收本、专科学生。但由于韩国语专业在我国还是一个年轻的学科,韩国语教材缺乏一直是困扰韩国语教学的一个难题。

中韩建交之初,北京大学出版社出版了全国25所大学联合编写的韩国语基础教科书《标准韩国语》。在十余年的教学实践中,这套教材得到了广大师生的认可和欢迎,为我国的韩国语人才培养做出了积极的贡献。随着我国韩国语教育事业的迅速发展,广大师生对韩国语教材的要求也越来越高。在教学实践中,大家迫切需要一套适合大学本科、专科等教学的韩国语系列教材。为此,北京大学出版社再度荟萃韩国语教学界精英,推出了此套韩国语系列教材——"21世纪韩国语系列教材"。

本系列教材是以高校韩国语专业教学大纲为基础规划、编写的,编写计划基本上囊括了韩国语专业大学本科的全部课程,既包括听、说、读、写、译等语言基础教材,也包括韩国文化、韩国文学等文化修养教材。这套教材不仅有助于学生打下扎实的韩国语言功底,也是学生了解韩国文化的桥梁。其中大学本科教材已被列为"国家外语非通用语种本科人才培养基地教材"。

本系列教材是由北京大学外国语学院东语系张敏博士和山东大学韩国学院牛林杰博士最先发起、组织编写的，参加编纂的中韩专家、教授来自北京大学、山东大学、北京外国语大学、解放军外国语学院、大连外国语大学、延边大学、青岛大学、中央民族大学、山东师范大学、烟台大学、韩国成均馆大学等国内外多所院校。他们在韩国语教学、科研领域具有丰富的执教经验和雄厚的科研实力。为了进一步保证这套教材的完备性、科学性、实用性、权威性，北京大学出版社特邀请中国韩国语教育研究学会会长安炳浩教授和副会长张光军教授、韩国语言学专家闵贤植教授等国内外知名语言学专家学者负责本系列教材的审订工作。

　　本系列教材将采取开放、灵活的出版方式，陆续出版发行。欢迎韩国语学界专家、学者积极参与本系列教材的编写。只要符合本系列教材的出版宗旨和要求，北京大学出版社便可以将其列入本系列教材。同时也欢迎各位读者对本系列教材的不足之处提出宝贵意见。

北京大学出版社
2007 年 4 月

前 言

《商务交际韩国语》是为经过初级阶段学习的学习者准备的中级韩国语教材,并带有鲜明的专业倾向性。我们针对广大韩国语毕业生毕业后,选择去韩国公司就职,面对复杂的公司文化而无从入手这一难题,撰写了该教材。该教材以贸易工作流程为主线,较系统地介绍了贸易知识、职场用语以及公司工作礼节。

全书共分17课,每课由课文、词汇、注解、练习、职场礼节等部分构成。为方便广大学习者学习使用,书后还附有附录,附录中包括课后练习答案、贸易术语 韩汉对照、贸易术语 常用英文缩略语、贸易文书格式等。

课文围绕一个主题,分为3段,每一段开始都有一个背景提示,从而贯穿一条主线。

词汇解释部分的编写,既参考了词典的权威释义,同时又从学习者的角度出发,重点讲解词汇的使用方法。部分词汇的用法很多,针对此类词汇,本书围绕对话中出现的用法进行解释。

语法部分以初中级语法知识为基础,逐步讲解高级语法。为便于学习者理解,本书特别添加了语法使用时的前提条件以及语境等内容,并附有例句。

句型练习的目的是让学生能够更加牢固地掌握所学语法知识,通过大量的练习做到熟能生巧。

实战练习是让学习者结束每课的学习后,以讨论或做对话的形式表达自己的想法,通过模拟实践加深对贸易流程的理解,进一步提高韩国语水平。

职场礼节选用与课文内容相关的文章,介绍韩国公司的文化礼仪,使学习者在学习语言的过程中对韩国的公司文化能够有一定的感性认识,为将来进入韩国公司工作,或从事与中韩贸易有关的工作时,能够有的放矢,使工作顺利进行。

随着时代的发展、社会的进步、科学技术的推陈出新,商务交际的手段也发生了一定的转变。第二版根据当前国际贸易流程的实际情况,对全书内容进行了修订,不足之处,恳请批评指正。

编　者
2021年8月

目 录

제 1 과　환영 ··· 1
제 2 과　회사안내 ·· 14
제 3 과　회사소개 ·· 27
제 4 과　환영 ··· 41
제 5 과　카탈로그 및 견본 ·· 53
제 6 과　오파 및 주문 ·· 66
제 7 과　가격 ··· 78
제 8 과　거래 조건 및 납기 ·· 93
제 9 과　선편 ··· 105
제 10 과　신용장 ··· 115
제 11 과　계약 ·· 126
제 12 과　생산 ·· 139
제 13 과　검품 및 공장 방문 ·· 154
제 14 과　선적 ·· 165
제 15 과　통관 및 서류 ·· 175
제 16 과　제품 하자 ·· 184
제 17 과　클레임 ··· 195

附录一	课后练习答案	206
附录二	贸易术语 韩汉对照	232
附录三	贸易术语 常用英文缩略语	240
附录四	贸易文书格式	244

제1과 환영

 课 文

1. 저는 북경상사에 근무합니다.

북경상사의 수출부 직원 왕대리는 한국에서 들어오는 바이어 안부장을 마중하기 위해 공항으로 나간다. 초면이라 팻말을 통해 안부장을 찾은 왕대리는,

왕대리: 실례합니다, 안부장님 아닌가요?
안부장: 아, 예, 제가 안부장입니다.
왕대리: 만나뵙게 되어 반갑습니다. 왕대리라고 합니다. 북경상사의 직원입니다.
안부장: 왕대리라고 하셨나요? 이렇게 나와주셔서 감사합니다.
왕대리: 아니예요. 자, 가방 이리 주세요.
안부장: 오, 감사합니다. 저걸 들어주신다면 이건 제가 들겠습니다.

词汇

근무하다 (自) : 工作

수출부 (名) : 出口部
바이어 (名) : 客户
마중하다 (他) : 迎接
초면 (名) : 第一次见面
팻말 (名) : 标牌

이리 (名) : 这边

왕대리: 이쪽으로 오시죠. 택시를 잡아야 하니까요.

택시를 잡다 (词组):
 搭出租车

2. 하시는 일은 어떻습니까?

　　택시 안에서 북경상사의 왕대리는 한국인 바이어 안부장과 의례적인 대화를 나눈다.

의례적이다 (形):
 一贯的, 常规的
대화를 나누다 (词组):
 交谈

안부장: 왕대리. 하시는 일들은 어떠세요?

왕대리: 아, 잘 되어갑니다, 안부장님. 하시는 일은 어떠세요?

안부장: 덕분에 잘 진행되고 있습니다.

진행되다 (自) : 进展

왕대리: 비행기 여행은 어땠습니까? 즐거우셨어요?

안부장: 예, 아주 편했습니다.

왕대리: 오시는 데 몇 시간이나 걸렸나요?

안부장: 서울에서부터 1시간이 조금 더 걸리는군요.

왕대리: 비행기를 타고 오느라 피곤하시겠습니다. 곧장 호텔로 가시겠습니까?

곧장 (副) : 马上

안부장: 예, 그게 제일 좋겠군요.

왕대리: 좋습니다. 그럼 호텔로 가시지요. 제가 예약을 해 놓았습니다.

안부장: 저를 위하여 수고가 많으셨습니다.

왕대리: 수고랄 것도 없습니다. 호텔에 도착해서 저랑 저녁이나 같이 하실까요?

안부장: 감사합니다.

3. 회사까지는 시간이 얼마나 걸립니까?

다음날 호텔로 마중 나온 북경상사의 왕대리는 안부장을 만나 회사로 들어가기 위하여 택시를 잡는다.

왕대리: 아! 여기 빈 택시가 한 대 오는군요. 먼저 타세요.

안부장: 고맙습니다. 사무실까지는 얼마나 걸리죠?

왕대리: 저, 차가 많이 막히지만 않으면 약 40분 가량 걸릴 겁니다.

안부장: 그리 멀지 않군요. 이 전무님은 안녕하시구요?

왕대리: 예, 좋으십니다. 지금 회사에서 안부장님을 기다리고 계세요.

빈 택시 (名) : 空车

가량 (副) : 左右

 注 解

01 초면이라 팻말을 통해 안부장을 찾은 왕대리는

「(이)라」是表示原因的接续助词「(이)라서」的缩写形式，前面只接名词。惯用型「을/를 통해」表示一种途径和手段，相当于汉语的"通过"。

例子 휴일이라 백화점에 사람이 많아요.

친구라 반말을 해도 됩니다.

친구를 통해 알게 되었어요.

텔레비전을 통해 일기예보를 들었어요.

02 실례합니다, 안부장님 아닌가요?

习惯用语「실례합니다」相当于汉语的"对不起，打扰了"的意思。惯用型「아닌가요?」表示一种反问。

例子 실례합니다. 우체국이 어디에 있는지 아세요?

실례합니다. 여기 장선생님 댁이 아닌가요?

실례합니다. 한국 분이 아니신가요?

03 택시를 잡아야 하니까요.

惯用型「아/어/여야 하다」接在动词、形容词词干后，表示条件，相当于汉语的"必须"。惯用型「(으)니까」表示后置性原因。

例子 내가 지금 가야 합니다.

학생은 열심히 공부를 해야 합니다.

그 일을 그 분에게 맡겨요. 그 분이 유명한 변호사니까요.

그는 이 일을 못합니다. 아직 어리니까요.

빨리 병원에 가야 하니까요.

그들은 집에 가야 하니까요.

04 잘 되어갑니다.

补助动词「아/어/여 가다」接在动词词干后，表示动作的持续。

例子 취미 생활도 해 가면서 살아야 살맛이 나죠.

준비가 다 돼 가고 있습니까?

일이 잘 돼 가고 있습니까?

05 오시는 데 몇 시간이나 걸렸나요?

惯用型「ㄴ/은/는 데+时间+걸리다」、「ㄴ/은/는 데+钱+들다」，表示在做某事上所花费的时间和金钱。

例子 소포를 부치는 데 돈이 얼마나 듭니까?

이 편지를 한국에 부치는 데 시간이 얼마나 듭니까?

이 일을 끝내는 데 일주일 걸립니다.

06 비행기를 타고 오느라 피곤하시겠습니다.

连接语尾「느라고」接在动词词干后，表示目的性原因。

例子 시험 공부를 하느라고 친구도 못 만나요.

이야기를 나누느라고 시간이 가는 줄 몰랐습니다.

07 수고랄 것도 없습니다.

惯用型「(이)랄 것도 없다」，表示对对方的感谢给予一种谦虚的回答，相

当于汉语的"谈不上……"。

例子 학생이면 마땅히 해야 할 일이니 고생이랄 것도 없습니다.

도움이랄 것도 없습니다. 제가 할 일입니다.

08 호텔에 도착해서 저랑 저녁이나 같이 하실까요?

助词「(이)나」表示让步，接在表示让步的对象或者行为的名词后。

例子 그 아이는 무슨 죄나 지은 것처럼 얼굴이 빨개졌습니다.

그들은 자기 나라가 마치 천국이나 되는 것처럼 자랑했어요.

정권이 바뀌자 그는 마치 국가 원수나 된 것처럼 목에 힘을 주고 다녔다.

09 저희 나라 택시들은 작아서 갑갑하지 않으실지 모르겠습니다.

惯用型「ㄹ/을지 모르다」表示推测，相当于汉语的"说不定……，也许……，可能……"。

例子 다음 주 바쁠지 모르겠어요.

한국요리가 입맛에 맞을지 모르겠어요.

마음에 드실지 모르겠어요.

10 차가 많이 막히지만 않으면 약 40분 가량 걸릴 겁니다.

惯用型「지만 않으면」表示假设一种唯一的条件，相当于汉语的"只要不……的话"。

例子 당신이 말하지만 않으면 아무도 몰라요.

거짓말을 하지만 않으면 괜찮은 아이예요.

지각하지만 않으면 돼요.

 练 习

1. 按顺序使用下列给出的单词或短语，完成下列对话。

실례합니다   만나뵙다   덕분에

A: _____.

B: 아, 예, 제가 김사장입니다.

A: _____.

B: 만나서 반갑습니다. 안사장님은 안녕하시지요?

A: 예. _____.

걸리다   덕분에   점심을 하다

A: _____.

B: 약 30분 쯤 걸릴 겁니다. 비행기 여행은 즐거우셨습니까?

A: _____.

B: 곧장 호텔로 가시는 게 어떻습니까?

A: 예, 좋습니다.

B: _____.

A: 네, 감사합니다.

> 오시느라　　오시는 데　　예약해 놓다

A: _____.

B: 아닙니다.

A: _____.

B: 서울에서 1시간 반 걸렸습니다.

A: _____.

B: 예. 그럽시다.

> 수고랄 것　　잘 되어가다　　가량

A: 일부러 마중 나와주셔서 감사합니다. 저를 위해서 수고가 많으셨습니다.

B: _____이 쪽으로 오시죠.

A: 예, 알겠습니다. 하시는 일들은 어떻습니까?

B: _____.

A: 사무실까지 얼마나 걸립니까?

B: _____.

A: 예, 알겠습니다.

2. 根据汉语内容，完成下列韩国语句子。

1) 不知道中国菜合不合您的口味。

　　중국 요리가 _____.

2) 我为了迎接韩国客户，来到机场。

　　_____ 공항에 나왔습니다.

3) 我叫李丹，是〇〇公司的职员。

　　_____〇〇회사의 직원입니다.

4) 谢谢您到机场来接我。

　　공항에 _____ 감사합니다.

5) 一路上辛苦了。

　　_____ 수고하셨습니다.

6) 社长正在公司等您。

　　사장님은 _____.

7) 到酒店大概需要多长时间?

　　호텔까지 _____.

8) 我是出口部的王科长。

　　저는 _____ 근무하는 왕과장입니다.

9) 只要不堵车，就来得及。

　　_____ 제시간에 갈 수 있습니다.

10) 因为是第一次见面，所以互相交换了名片。

　　_____ 서로 명함을 주고받았습니다.

3. 根据课文内容，回答下列问题。

1) 회사에서 당신에게 초면의 바이어를 마중 나가라고 하는데 어떻게 준비하시겠습니까?

2) 처음 만나는 바이어에게 자기 소개를 어떻게 하시겠습니까?

제1과 환영

3) 손님을 만나고 나서 어떻게 모시고 이동합니까?

4) 손님과 차 안에서 주로 어떤 대화를 나누실 겁니까?

5) 손님에게 호텔로 가자고 권하고 싶을때 어떻게 이야기해야 합니까?

6) 손님을 식사에 초대하고 싶으면 어떻게 이야기해야 하나요?

7) 당신이 손님이라 가정하고 자기를 마중 나온 상대방 회사의 직원에게 어떻게 감사의 표현을 합니까?

8) 당신이 손님이라면 출장 스케줄을 어떻게 짰으면 좋겠습니까?

9) 당신이 바이어라면 마중 나온 상대방 회사 직원에게 어떤 질문을 할 겁니까?

4. 自由会话

회사에서 당신에게 모르는 손님을 마중 나가라고 하는데, 손님과 어떤 이야기를 나누시겠습니까?

5. 思考后，回答问题

공항에 마중나가서 바이어를 맞이하여 회사로 만내하면서 나누는 대화에 대해 이야기 해 보세요.

职场礼节

직장안에서의 바른 인사

▶ 출근 인사
- 아침에는 활기찬 표정과 태도로 명랑한 인사를 나눈다.
- 웃사람이 들어서면 일어서서 인사를 한다.
- 늦었을 때는 상사 앞에 까지 가서 사유를 겸손하고 분명하게 말한다. 그러나 이때, 먼저 사과부터 해야지 이유나 변명부터 하는 것은 예의가 아니다.

▶ 퇴근 인사
- 서로 수고의 위로로 인사를 나눈다.
- 아랫사람이 웃사람에게 '수고하셨습니다. 수고하세요'라는 인사는 사용하지 않는다.
- 상사가 일이 끝나지 않았는데 먼저 나갈 경우 '아직 일이 많으신가 보지요. 제가 할 일은 없는지요'라고 하는 것이 예의다.

▶ 외출 시
- 외출할 때는 가능하면 미리 상사에게 말씀을 드린다.

职场内的问候方式

▶ 上班时:
- 早晨上班时精神饱满地跟同事们打招呼。
- 当上司走进办公室时,要起立行礼。
- 迟到时,要走到上司面前,谦和地说明理由。要先承认错误,切忌先辩解原由。

▶ 下班时
- 互相慰问工作辛劳。
- 下级对上级不使用"수고하셨습니다.수고하세요"一类的问候语。
- 碰到上司工作尚未结束,自己先下班的情况,出于礼节,要对上级说"아직 일이 많으신가 보지요. 제가 할 일은 없는지요"。

▶ 外出时
- 外出时,要尽量事先请示上级,获得许可。

제1과 환영

- 반드시 언제, 어디로, 무슨 일로 가는 것을 서면으로 혹은 구두로라도 보고를 하고 나간다.

- 要以书面或口头的形式，向上级报告外出时间、地点、事由。

제2과   회사안내

 课　文

词汇

1. 엘리베이터를 타고 5층으로 올라갑시다.

엘리베이터 (名) : 电梯

　한국의 바이어 안부장과 북경상사의 왕대리는 이 전무와의 약속 시간에 맞추어서 북경상사에 도착한다.

시간에 맞추다 (词组) :
　按时

왕대리: 안부장님. 이 곳이 북경상사 본사 건물입니다.

본사 (名) : 总部

안부장: 아! 그렇습니까? 건물이 참 깨끗하고 좋습니다.

왕대리: 감사합니다. 이 전무님과는 10시 30분에 만나기로 약속이 되어 있습니다.

안부장: 그렇습니까?

왕대리: 예. 엘리베이터를 타고 5층으로 올라갑시다. 내리셨을때 우측 첫번째 방이 이전무님 방입니다.

우측 (名) : 右侧

안부장: 예, 알겠습니다.

왕대리: 이런, 세상에! 미안합니다. 안부장님. 엘리베이터가 고장났군요. 걸어 올라가야 할 것 같은데요.

고장나다 (自): 出故障

안부장: 괜찮습니다. 10층보다는 낫지 않습니까? 어차피 운동도 해야 하는데.

어차피 (副): 反正

왕대리: 옳으신 말씀입니다.

옳다 (形): 对

2. 제 명함입니다.

명함 (名): 名片

이 전무님의 방에 도착한 안부장은 북경상사의 이전무와 만나 서로 인사를 나눈다.

인사를 나누다 (词组): 打招呼

이전무: 처음 뵙겠습니다. 저는 북경상사의 이준기라고 합니다. 제 명함입니다.

안부장: 만나서 반갑습니다, 이선생님. 저는 대한상사의 안상옥이라고 합니다.

이전무: 자, 여기에 편히 앉으세요. 오시느라 고생하셨습니다.

편히 (副): 舒服地

안부장: 배려해주신 덕분에 편히 왔습니다. 감사합니다.

배려하다 (他): 照顾

이전무: 별 말씀을요. 뭐 마실 거 좀 드릴까요?

안부장: 괜찮습니다. 전 개의치 마시고 드시고 싶으면 드세요.

개의치하다 (他): 介意

제 2 과   회사안내

이전무: 주스나 커피 같은 것도 정말 안 마시겠습니까?

안부장: 예, 지금은 생각이 없습니다. 나중에 마실게요.

이전무: 좋습니다. 그럼, 드시고 싶을 때 얘기하세요.

3. 우리 부서의 강과장을 소개하겠습니다.

　　이전무는 안부장에게 자기 부서의 과장인 강인식을 소개한다.

부서 (名) : 部门

이전무: 우리 부서의 강과장을 소개하겠습니다. 강과장은 대한상사와의 모든 거래를 맡아서 처리하고 있습니다.

거래 (名) : 交易往来
맡다 (他) : 负责
처리하다 (他) : 处理

강과장: 처음 뵙겠습니다. 강과장이라고 합니다. 뵙게 되어서 기쁩니다.

안부장: 강과장님. 만나서 반갑습니다. 대한상사에 많은 협조를 해 주셔서 감사합니다.

협조 (名) : 协助

강과장: 과찬입니다. 앞으로도 잘 부탁 드리겠습니다.

과찬 (名) : 过奖

안부장: 강과장님, 이번에 제가 직접 온 것은 섬유 제품에 대한 훌륭한 공급 업체를 찾고자 해서입니다. 강과장께서 섬유류를 수출하는

섬유 (名) : 纤维
제품 (名) : 产品
공급 (名) : 供应
업체 (名) : 企业

　　　　　회사를 하나 소개해 주시겠습니까?

강과장: 제게 맡기세요, 안부장님. 귀사가 찾고 있는 그런 회사를 제가 알고 있으니까요.

안부장: 좋습니다. 그렇지만 품질이 좋고, 가격이 저렴하고, 공급을 확실하게 해 줄 수 있는 회사여야 한다는 점을 염두에 두셔야 합니다.

강과장: 예, 염려 마세요. 항상 저를 믿으세요.

안부장: 좋습니다. 과장님께 맡기겠습니다.

섬유류 (名) : 纤维类
수출하다 (他) : 出口
맡기다 (他) : 交给……负责
품질 (名) : 品质
저렴하다 (形) : 低廉
염두에 두다 (词组) : 记在脑子里
염려 (名) : 担心

注　解

01　이전무님과는 10시 30분에 만나기로 약속이 되어 있습니다.

「기로」用于动词词干后，表示做出某种决定，相当于汉语的"决定，打算"，后面可接「하다, 약속하다, 결정하다」等单词。「아/어/여 있다」表示动作虽然结束，但状态依然持续。

例子　친구와 공원에서 만나기로 했습니다.

　　　　방학에 고향으로 돌아가지 않기로 결정했습니다.

　　　　이 책은 한국어로 되어 있다.

　　　　이 가방은 가죽으로 되어 있다.

02 이런, 세상에!

习惯用语「이런」与「세상에」都是在碰到令自己惊讶的情况时，表示感叹的语气词。

例子　이런, 코피가 나네!

　　　이런, 내 정신 좀 봐.

　　　세상에, 이럴 수가!

　　　세상에, 이런 나쁜 사람이 또 있는가?

03 어차피 운동도 해야 하는데.

惯用型「어차피…아/어야 하다」相当于汉语的"反正也得……"。

例子　어차피 가야 해요.

　　　어차피 새로 다시 사려고 했어요.

04 옳으신 말씀입니다.

习惯用语「옳으신 말씀입니다」表示对对方观点的一种赞同，也可以使用下列表达：「맞는 말씀입니다./맞는 말이에요」。

05 별 말씀을요.

习惯用语「별 말씀을요」表示一种谦逊，相当于汉语的"不客气、哪里哪里"。

06 지금은 생각이 없습니다.

习惯用语「생각이 없습니다」表示现在还不想做……事情。

例子　ㄱ: 식사 하러 갈까요?

ㄴ: 아니요, 지금은 생각이 없습니다..

07 이번에 제가 직접 온 것은 섬유 제품에 대한 훌륭한 공급 업체를 찾고자 해서입니다.

惯用型「고자 하다」表示做某种事情的意图。惯用型「는/ㄴ/은 것은 …고자 해서이다」相当于汉语的"我之所以……是为了要……"。

例子　내가 지금 열심히 저축하는 것은 미래를 대비하고자 해서입니다.
　　　지금 이렇게 고생하는 것은 원하는 목표를 이루고자 해서이다.

08 공급을 확실하게 해 줄 수 있는 회사여야 한다는 점을 염두에 두셔야 합니다.

依存名词「점」表示所有属性当中的某一部分或某一要素，相当于汉语的"……点、地方"。

例子　그는 비록 젊지만 배울 점이 참 많다.
　　　잘못한 점이 있으면 지적해 주십시오.

 练 习

1. 按顺序使用下列给出的单词或短语，完成下列对话。

약속이 되어 있다   엘리베이터를 타다   우측 첫번째

A: 안녕하세요? 어쩐 일이십니까?

B: 대한상사 왕과장입니다. _____.

B: 아, 그렇습니까? _____.

A: 감사합니다. 그런데 사장님의 방이 몇 호입니까?

B: _____.

편히 앉다   어차피   생각은 없다

A: 사장님, 안녕하십니까?

B: 반갑습니다, 강과장님. _____.
　 엘리베이터가 고장 나서 고생 많으셨습니다.

A: 아닙니다. _____.

B: 주스나 커피 같은 것이 있는데 뭘 드시겠습니까?

A: 감사합니다만 _____. 나중에 마실게요.

배려해 주다　　협조를 해 주다　　과찬

A: 강과장님, 지난 번의 일은 아주 잘 하셨습니다.

B: 여러가지로 _____.

A: 별말씀을요. 오히려 _____.

B: _____.

찾고자 하다　　맡기다　　염려하다

A: _____강과장님께서 하나 소개해 주시겠습니까?

B: 예, 알고 있습니다. _____.

A: 그렇지만 품질이 좋고 가격이 저렴해야 돼요.

B: _____저를 믿으세요.

2. 根据汉语内容，完成下列韩国语句子。

1) 和社长约好上午9点半见面。

　　사장님과 _____.

2) 天哪, 车怎么坏了, 看来得走着去了。

　　_____, 차가 고장났군요. _____.

3) 您说的没错。

　　_____.

4) 您别在意我, 想看电视就看吧。

　　_____ 텔레비젼을 보고 싶으면 보세요.

제 2 과　회사안내

5）王科长负责处理与大韩服饰的所有业务。

　　왕과장님은 대한복장과의 _____.

6）这次我来这里是为了和贵公司进行做贸易。

　　_____ 무역 거래를 하고자 해서입니다.

7）这件事就交给我吧。

　　이 일은 _____.

8）别担心，您要找的那个人我认识。

　　염려 마세요. _____.

9）必须是大学毕业、会韩国语的女员工。

　　대학 출신이고 _____.

10）切记，上班一定要守时。

　　_____.

3. 根据课文内容，回答下列问题。

1）안부장님은 북경 상사의 건물이 어떻다고 생각합니까?

2）이전무님의 방은 몇 층 어느 방입니까?

3）왕대리는 왜 걸어 올라가자고 했습니까?

4）상대방이 권한 음료수를 마시고 싶지 않으면 어떻게 거절해야 합니까?

5）강과장님은 회사에서 무슨 일을 맡고 있습니까?

6) 안부장님이 이 번에 온 이유가 뭡니까?

7) 안부장님은 강과장님에게 무슨 일을 부탁했습니까?

8) 안부장님이 찾고자 하는 회사는 어떤 회사입니까?

9) 다른 사람이 안심하게 일을 자기에게 맡기도록 하려면 어떻게 말해야 합니까?

4. 自由会话

1) 손님이 자기에게 일을 부탁한다는 것을 가지고 대화를 나누세요.
2) 사무실에 바이어가 왔는데, 이 바이어가 새로운 바이어입니다. 전에 만난 적이 없습니다. 이 바이어와 대화를 나누세요.
3) 새로운 바이어를 상사에게 소개해 주세요.

5. 思考后，回答问题。

회사에 중요한 바이어가 왔습니다. 상사가 바이어를 접대하는 일을 당신에게 맡겼습니다. 당신은 어떻게 할 겁니까?

 **职场礼节**

내객 안내	接待来宾
1. 복도 내객이 비스듬히 약간 앞쪽을 걷도록 유도한다. 내객이 복도 중앙을 걷도록 한다. 걷는 속도도 내객에게 맞추는 배려를 한다.	1. 走廊 接待客人时要走在客人的前方，和客人成45度角，为客人引路。尽量让客人走在走廊中央，在引路时，步伐速度要尽量和客人保持一致。
2. 계단 올라갈 때는 자신이 손님 뒤에 가고, 내려갈 때는 앞에서 내려간다. 손님을 내려다보는 위치가 되지 않도록 한다.	2. 楼梯 上楼梯时，要走在客人的后面，下楼梯时，在客人前面先下楼梯。注意不要站在高处俯视客人。
3. 엘리베이터 '윗사람 먼저'가 원칙. 단, 자동 운전일 때는 선도자가 먼저 타서 손님을 맞고 뒤에 내린다.	3. 电梯 要本着"上级优先"的原则。但如果是自动运行的电梯，要先上电梯，迎接客人，下电梯时，让客人先下。
4. 응접실 미닫이문일 때는 유도자가 먼저 들어가서 안내한다. 몸의 방향을 바꿔서 '어서 들어오세요'라고 하면서 안으로 들어오도록 한다.	4. 会客室 如果会客室的房门是手推门，要先进入房间，随后转过身来，面向客人说"어서 들어오세요"，引导客人进入会客室。

제3과   회사소개

 课 文

1. 저희는 취급하는 제품이 매우 다양합니다.

취급하다 (他) : 办理、生产

비즈니스를 위해 처음 만난 사람들끼리는 상대방 회사의 주요 생산 제품이 무엇인지에 대한 질문을 주고받는 경우가 많다. 안부장은 기존 거래선인 북경상사로부터 소개를 받아 새로 알게 된 회사를 방문한다.

주고받다 (他) : 交换、交谈
기존 (名) : 现有
거래선 (名) : 客户

안부장: 처음 뵙겠습니다. 저는 대한상사의 안상옥입니다.

김경리: 만나서 반갑습니다. 삼안 방직의 김경리입니다.

방직 (名) : 纺织

안부장: 강과장님한테서 귀사에 관해 이야기를 들었습니다. 주요 생산품이 어떤 것입니까?

김경리: 아주 다양합니다. 면제품에서 울제품 섬유류에 이르는 거의 모든 걸 생산합니다.

생산품 (名) : 产品
면제품 (名) : 棉织品
울제품 (名) : 毛织品
이르다 (自) : 到

안부장: 귀사 자체의 생산 공장을 갖고 계십니까?

김경리: 예, 실은 세 개를 갖고 있습니다.

안부장: 와, 대단한 규모군요.

자체(代)：自己、自身

규모(名)：規模

2. 귀사의 직원은 몇 명이나 됩니까?

　　안부장은 삼안 방직의 직원수와 공장 현황에 대해 궁금해서 질문을 계속한다.

현황(名)：現狀

궁금하다(形)：纳闷、想知道

안부장: 귀사의 직원은 몇 명이나 됩니까?

김경리: 공장 근로자가 약 600명, 사무 직원이 약 150명 정도 됩니다.

근로자(名)：工人

사무 직원(名)：办公室工作人员

안부장: 그렇게 많습니까? 저런, 인원 보충도 상당하겠군요. 그렇죠?

김경리: 전혀 그렇지 않습니다. 저희 직원들은 전부 자기가 주인이라는 생각으로 일하고 있으니까요.

안부장: 그래요? 그것 참 훌륭하군요. 저희 직원들도 그랬으면 좋겠군요. 그러면 노조 때문에 항상 골치 아파할 필요도 없을 테니까요.

노조(名) 工会

골치 아파하다(词组)：感到头痛

김경리: 글쎄요, 저희 회사에도 노조가 있긴 해도 그렇게 막강하지는 않습니다.

막강하다(形)：强

안부장: 예, 그렇군요. 제가 온 것은 주로 울제품을 취급하는 생산업체를 찾기 위해서입니다.

김경리: 그렇습니까? 바로 찾아오셨습니다. 이 품목에 있어서 우리를 따라올 회사는 없습니다.

안부장: 저, 어쩌면 계약을 체결할 수도 있겠군요.

김경리: 좋습니다. 공장을 한 바퀴 구경 시켜 드리지요.

품목 (名) : 品种
따라오다 (他) : 比得上
계약을 체결하다 (词组) : 缔结合同
바퀴 (量) : 圈

3. 전직원 모두가 작업 환경 개선에 노력합니다.

안부장은 현장을 둘러보며 공장 규모와 설비, 작업 환경을 관찰한다.

안부장: 공장 내부가 참 청결하고 깨끗하게 정돈되어 있어서 좋습니다.

김경리: 감사합니다. 작업환경이 좋아야 근무자의 의욕이 높아져 생산성도 향상되고 제품 품질도 좋아집니다. 그러기에 총경리로부터 전직원 모두가 작업 환경 개선에 노력합니다.

안부장: 예, 옳은 얘기입니다. 작업 환경은 제품 품질과 생산성에 큰 영향을 주지요. 일주일에 몇 시간이나 근무합니까?

김경리: 아마 약 60시간 정도가 될 겁니다. 그러나 어떤 경우에는 70시간이나 그 이상이 되기

전직원 (名) : 全体职工
작업 환경 (名) : 工作环境
개선 (名) : 改善
현장 (名) : 车间
둘러보다 (他) : 巡视
설비 (名) : 设备
관찰하다 (他) : 观察
내부 (名) : 内部
청결하다 (形) : 干净、整齐
정돈되다 (自) : 被收拾、被整理
의욕 (名) : 欲望、劲头
향상되다 (自) : 被提高

영향을 주다 (词组) : 施加影响

이상 (名) : 以上

도 합니다.

안부장: 와! 저희들이 주 40시간의 표준 근무시간도 | 표준(名): 标准
더 줄이고 싶어하는 걸 생각하면 그건 정말 | 줄이다(他): 减少
놀랍군요.

注 解

01 비즈니스를 위해 처음 만난 사람들끼리는 상대방 회사의 주요 생산 제품이 무엇인지에 대한 질문을 주고받는 경우가 많다.

接尾词「끼리」表示具有共性的一起，相当于汉语的"一伙"。惯用型「에 대하다」相当于汉语的"对于"。惯用型「는/ㄴ/은/인/ㄹ/을 경우」相当于汉语的"……的情况"。

例子 우리끼리 먼저 갑시다.

나는 바빠서 못 가니 당신들끼리 먼저 가세요.

전통 문화에 대한 관심이 많아요.

건강에 대해서 물었어요.

이 문제에 대해서 우리 토론합시다.

비가 올 경우에는 경기를 연기한다.

날씨가 나쁘면 비행기가 착륙하지 못하고 되돌아가는 경우가 생긴다.

02 강과장님한테서 귀사에 관해 이야기를 들었습니다.

惯用型「에 관하다」相当于汉语的"关于"。惯用型「…에서/한테서/에게서 …이야기를 들었다」表示从某人那儿听说了什么事情。

例子　실업 대책에 관해서 글을 썼어요.

다음에는 여성의 사회적 지위에 관해 토론하도록 하겠습니다.

일기예보에서 내일 비가 온다는 이야기를 들었습니다.

선생님한테서 다음 주에 시험을 본다는 이야기를 들었습니다.

03 면제품에서 울제품 섬유류에 이르는 거의 모든 걸 생산합니다.

惯用型「…에서 …에 이르다」相当于汉语的"从……到……"

例子　바늘에서부터 인공위성에 이르기까지 철이 들어가지 않는 산업은 없다.

04 저희 직원들도 그랬으면 좋겠군요.

惯用型「…았/었/였으면 좋겠다」表示自己的一种愿望，相当于汉语的"要是……就好了"。

例子　내가 부자였으면 좋겠어요.

방학이 빨리 왔으면 좋겠어요.

05 그러면 노조 때문에 항상 골치 아파할 필요도 없을 테니까요.

惯用型「…때문에」表示原因，前面接名词，动词和形容词要在词干的后面加上"기"转化为名词。句型「ㄹ/을 필요가 없다」相当于汉语的"没有必要……"。惯用型「ㄹ/을 테니까」前面接表示推测或表示意志的内容，构成「ㄹ/을 테니까」后面内容的原因和根据。

例子 너 때문에 내가 얼마나 힘들었는지 아니?

일이 많기 때문에 시간을 낼 수가 없다.

집이 학교까지 가까워서 버스를 탈 필요가 없어요.

곱슬머리라서 파마할 필요가 없다.

사흘 분 약을 지어 드릴 테니까 드시고 푹 쉬세요.

내일 갈 테니까 그리 알아라.

06 저희 회사에 노조가 있긴 해도 그렇게 막강하지는 않습니다.

惯用型「긴 해도」是「기는 해도」的缩写，相当于汉语的"就算是……也……"。

例子 그가 공부를 잘하기는 해도 그의 누나보다 못하다.

기차가 빠르긴 해도 비행기만큼 못하다.

07 제가 온 것은 주로 울제품을 취급하는 생산업체를 찾기 위해서입니다.

惯用型「는/ㄴ/은 것은 …위해서이다」相当于汉语的"我之所以……都是为了……"。

例子 부모님이 열심히 일하시는 것은 나를 공부시키기 위해서이다.

내가 열심히 사는 것은 부모님의 은혜를 갚기 위해서이다.

08 바로 찾아오셨습니다.

副词「바로」相当于汉语的"正、对"。习惯用语「바로 찾아오셨습니다」相当于汉语的"您找对人了"。

例子 바로 이 곳이 할머니가 태어난 곳이란다.

바로 정답을 맞추었습니다.

09 이 품목에 있어서 우리를 따라올 회사는 없습니다.

惯用型「에 있어서」相当于汉语的"在……方面、对于……来说"。

惯用型「를/을 따라올...없다」相当于汉语的"没有能超过……的"。

惯用型「...에 있어서...를/을 따라올...없다」相当于汉语的"在……方面，没有能超过……的"。

例子 운동에 있어서 이세민씨를 따라올 사람이 없다.

핸드폰 제조에 있어서 삼성을 따라올 회사가 없다.

10 어쩌면 계약을 체결할 수도 있겠군요.

惯用型「어쩌면...ㄹ/을 수 있다」相当于汉语的"说不定……可能会……"。

例子 비가 와서 친구가 어쩌면 안 올 수도 있다.

배가 고파서 동생이 어쩌면 이 음식을 다 먹을 수도 있겠다.

11 전직원 모두가 작업 환경 개선에 노력합니다.

惯用型「에 노력하다」相当于汉语的"致力于……"。

例子 많은 과학자들이 첨단 기술 개발에 노력하고 있다.

개발도상국가들은 헌신적으로 나라 발전에 노력하고 있다.

12 작업환경이 좋아야 근무자의 의욕이 높아져 생산성도 향상되고 제품 품질도 좋아집니다.

惯用型「...아/어/여야...」相当于汉语的"只有……才……"。

例子 공부를 잘 해야 장학금을 탈 수 있다.

산에 가야 호랑이를 잡을 수 있다.

13 그러기에 총경리로부터 전직원 모두가 작업 환경 개선에 노력합니다.

连接语尾「기에」相当于汉语的"因为……所以……"。助词「(으)로부터」表示行动的出发点或者某件事的带头人，相当于汉语的"从……，以……为首"，本文中是第二种意思，意思是"以总经理为首"。

例子　맛있어 보이기에 너 주려고 사 왔다.

　　　아프다고 하기에 걱정이 되어서 찾아왔다.

　　　아버지로부터 편지가 왔다.

　　　우리반의 친구들은 반장으로부터 모두 모범생이다.

14 그러나 어떤 경우에는 70시간이나 그 이상이 되기도 합니다.

惯用型「기도 하다」接在动词、形容词词干后，相当于汉语的"也"。

例子　사람이 많기도 하다.

　　　그 시인은 화가이기도 하다.

练　习

1. 按顺序使用下列给出的单词或短语，完成下列对话。

　　　　　　　　이야기를 듣다　　이르다　　대단하다

A: 왕대리에게서＿＿＿＿＿＿＿＿＿＿＿＿＿＿＿＿＿＿＿주요 생산품이 뭡니까?

B: ＿＿＿＿＿＿＿＿＿＿＿＿＿＿＿＿＿＿＿＿＿＿모든 섬유 제품을 생산합니다.

A: 자체 공장이 있습니까?

B: 네, 4개가 있습니다.

A: _____.

> 몇 명   300 명 정도   노조

A: 귀사의 직원은 _____.

B: 모두 약 _____.

A: 그렇게 많습니까? _____.

B: 전혀 그렇지 않습니다.

A: 참 훌륭하군요.

> 울제품을 취급하다   바로 찾다   한 바퀴 구경하다

A: 저희는 _____여기에 왔습니다.

B: 그렇습니까? _____.

A: 계약을 체결하기 전에 _____.

B: 네, 그럼요.

> 큰 영향을 주다   환경이 좋다   노력하다

A: 공장이 참 깨끗하고 청결합니다.

B: 감사합니다. 작업환경은 _____.

A: 네, 옳은 얘기입니다. _____근무자의 의욕이 높아져

제 3 과   회사소개   35

생산성도 향상되고 제품 품질도 좋아집니다.

B: 그래서 우리 회사의 모든 사람이 모두 _____.

2. 根据汉语内容，完成下列韩国语句子。

1）第一次见面的人之间通常互相询问彼此做什么工作。

처음 만난 사람들끼리는 _____을 주고받는 경우가 많다.

2）在我们家，从做饭到洗衣服，几乎所有的家务都是我妈妈做。

우리 집에서는 _____을 우리 어머니가 담당한다.

3）工人们都以一种主人翁的精神在工作。

직원들은 _____일하고 있습니다.

4）我们公司要是也那样就好了。

우리 회사도 _____.

5）要是那样的话，恐怕就不用总是为学费发愁了。

그러면 학비때문에 _____.

6）就算是心里有不满，也不敢表现出来。

_____ 밖으로 나타내진 못해요.

7）在学习方面没有人能比得上他。

_____은 없습니다.

8）只有学习环境好，学生才会有劲头，学习成绩也才会好。

_____ 성적도 오를 겁니다.

9）正因如此，以校长为首，所有老师都致力于改善学习环境。

그러기에 _____에 노력합니다.

3. 根据课文内容回答下列问题。

1) 비즈니스를 위해 처음 만난 사람들끼리 주로 어떤 질문을 주고받습니까?

2) 삼안방직은 주로 어떤 제품을 생산합니까?

3) 삼안방직의 직원수는 어떻게 됩니까?

4) 삼안방직 직원들이 일하는 태도가 어떻습니까?

5) 삼안방직의 노조 문제가 어떻습니까?

6) 안부장님이 이번에 삼안방직을 방문하러 온 목적은 무엇입니까?

7) 작업환경을 깨끗하게 정돈하는 중요성에 대한 이경리의 생각은 어떻습니까?

8) 삼안방직의 근무 시간은 어떻게 됩니까?

9) 대한상사의 근무 시간은 어떻게 됩니까?

4. 自由会话

1) 현재 소속되어 있는 공동체를 방문객에게 소개해 주세요.

2) 비즈니스를 위해 처음 만난 상대방에게 회사의 주요 생산 품목과 규모에 관해 질문해 보십시오.

3) 현재 생활하고 있는 도시를 외국 친구에게 소개해 주세요.

5. 思考后，回答问题。

자매 결연 관계를 맺은 외국 학교가 당신의 학교에 방문하러 왔습니다. 외국 손님을 접대하고 학교 소개를 해 주세요.

 职场礼节

자리 위치	座席位置
▶ 응접실, 회의실	▶ 会客室、会议室
1) 실내에서는 출입구에서 멀수록 상석, 가까울수록 말석이다.	1) 在室内，离出口远的地方是上座，反之是下座。
2) 응접실에서는 의자 종류에 따라서도 자리 위치가 정해지므로 주의한다. 등받이와 팔걸이가 있는 소파가 가장 상석, 등받이도 팔걸이도 없는 의자가 말석이다.	2) 会客室座席的位置根据椅子的种类来决定。有靠背和扶手的沙发一般是上座，没有靠背和扶手的椅子则是下座。

3) 회의실의 자리 위치는 의장석을 중심으로 의장에 가까울 수록 상석이다.

▶ 열차

1) 열차의 진행 방향 창가 자리가 상석. 3인용 좌석의 경우도 마찬가지다. 단 창가가 덥거나 눈부실 때는 자리를 바꾸는 배려를 아끼지 않는다.

2) 침대 열차의 경우, 아래층이 상석.

▶ 자동차

기사가 달린 경우에는 뒷자리 오른쪽이 가장 높은 자리이다. 뒤쪽에는 3인이 앉을 때는 중앙이 말석이다.

3）会议室座席的位置，以主位为中心，越靠近主位越是上座。

▶ 火车

1）顺着火车前进的方向，窗边的座位是上座。三个人的座席也是如此。但如果窗边的位置较热或阳光刺眼时，要适当考虑调换。

2）如果是卧铺，则下铺为上座。

▶ 汽车

在有司机驾驶的情况下，后排右侧的位置是上座。如果后排三个人同乘，那么中间的位置是下座。

제4과 환영

 课　文

1. 서슴지 마시고 마음에 드는 것을 골라보세요.

 공장 내부를 둘러본 두 사람은 본격적인 상담을 위해 진열실로 간다.

김경리: 여기가 저희 회사의 진열실입니다.

안부장: 훌륭하군요. 한번 둘러봐도 괜찮을까요?

김경리: 그럼요, 얼마든지요. 그리고 마음에 드는 것을 골라보십시오. 선택할 수 있는 여러 가지 제품이 있으니까요.

안부장: 오, 여기 괜찮아 보이는 게 있군요.

김경리: 그것은 저희 회사의 최신 제품입니다. 3가지 디자인으로 되어 있고, 시장의 반응도 아주 좋습니다.

안부장: 좋아요, 그렇다면 현재의 가격 상황을 좀 알아봅시다. 어쩌면 계약을 체결할 수 있을 것 같기도 하구요.

서슴다(自)	：犹豫
본격적이다(形)	：正式
상담(名)	：洽谈
진열실(名)	：展览室
최신(名)	：最新
디자인(名)	：设计
반응(名)	：反应
상황(名)	：情况

2. 자세한 얘기는 나중에 하도록 합시다.

    대한상사의 안부장은 삼안 방직과의 거래를 희망한다.

안부장: 귀사의 제품이 마음에 드는군요. 품질이나 가격 모두 만족합니다.

김경리: 감사합니다. 저희는 우수한 품질의 제품만을 만들어 내는 데 대하여 자랑스럽게 생각합니다.

안부장: 저희는 귀사와의 거래를 통하여 귀사 제품을 한국에서 판매하고 싶습니다.

김경리: 저, 정확히 어떤 종류의 계약을 생각하고 계십니까?

안부장: 자세한 사항은 나중에 얘기합시다. 우선 제가 저희 회사의 약력에 대해서 간단히 말씀 드리지요.

김경리: 예, 그렇게 하시지요. 저도 무척 듣고 싶습니다.

3. 최근 한국의 경기는 어떻습니까?

    상담 중 한국의 경제 상황에 대해 잠시 대화를 나눈다.

나중에（副）：以后

희망하다（他）：希望

만족하다（自）：满意

우수하다（形）：优秀

자랑스럽게（副）：
  骄傲、自豪

판매하다（他）：销售

사항（名）：事项

약력（名）：简况

대화를 나누다（词组）：
  谈话、聊天

김경리: 저, 안부장님, 최근 한국의 경기는 어떻습니까?

안부장: 별로 활발하지 못한 것 같아요. 내년 초쯤에는 좀 나아지겠지요.

김경리: 희망적인 소식이군요.

안부장: 예, 그래서 다른 사람보다 유리한 출발을 해 보려고 상품조사차 중국엘 왔습니다.

김경리: 저희가 할 수 있는 일이면 기꺼이 도와 드리겠습니다.

안부장: 고맙습니다, 김경리님. 더 이상의 상담은 다음으로 미뤄야 할 것 같습니다.

김경리: 금일 한국으로 돌아가시나요?

안부장: 예, 금일 오후 비행기로 돌아갑니다.

김경리: 아! 그러세요? 알겠습니다. 바로 밖에 차를 준비해 놓겠습니다.

안부장: 감사합니다. 자세한 상담은 다음에 다시 하도록 합시다.

경기(名): 经济状况

활발하다(形): 活跃

희망적이다(形): 令人期待的

유리하다(形): 有利

기꺼이(副): 高兴、欣然

미루다(他): 推延

注 解

01 서슴지 마시고 마음에 드는 것을 골라보세요.

惯用型「지 말다」表示劝诱，相当于汉语的"别……"。

例子 염려하지 말고 떠나세요.

이 곳에서 수영하지 말고 다른 곳에서 하세요.

여기서 담배를 피우지 말고 나가서 피우세요.

02 한번 둘러봐도 괜찮을까요?

惯用型「아/어/여도 괜찮다」表示征求对方的允许，相当于汉语的"我可以……吗？"，除了「괜찮다」以外，还可以使用「좋다/되다」。

例子 나가도 돼요?

여기에 앉아도 괜찮아요?

03 얼마든지요.

连接语尾「든지」表示无论选择什么，都没有太大的差别，相当于汉语的"无论……"。课文中「얼마든지」的意思相当于汉语中的"随便，怎么看都行"。

例子 어디든지 사람이 사는 곳은 마찬가지이다.

누구든지 법률을 지켜야 한다.

04 어쩌면 계약을 체결할 수 있을 것 같기도 하구요.

惯用型「는/ㄴ/은/인/ㄹ/을 것 같기도 하다」相当于汉语的"也好像……"

例子 그 사람은 중국 사람인것 같기도 하고 일본 사람인것 같기도 하다.

이 문제는 맞는 것 같기도 하고 틀린 것 같기도 합니다.

오늘 날씨는 비가 올 것 같기도 해요.

05 품질이나 가격 모두 만족합니다.

助词「나/이나」接在两个名词的中间，相当于汉语的"或者"。

例子 건강을 위해 담배나 술 모두 끊어야 합니다.

말하는 것으로 보아 그는 소설가나 시인일 것이다.

06 우수한 품질의 제품만을 만들어 내는 데 대하여 자랑스럽게 생각합니다.

依存名词「데」表示地方、情况或某件事情。

例子 그 책을 다 읽는 데 3일이 걸렸다.

자연을 사랑하는 데 애 어른이 따로 있니?

그 사람은 오직 졸업장을 따는 데 목적이 있는 듯 전공 공부에는 전혀 관심이 없다.

07 그래서 다른 사람보다 유리한 출발을 해 보려고 상품조사차 중국엘 왔습니다.

接尾词「차」接在一部分名词后，表示目的。

例子 연구차/인사차/사업차

우리 일행은 시장 조차차 북경에 왔습니다.

이번 여행은 방문 및 사장 조차차 떠납니다.

08 저희가 할 수 있는 일이면 기꺼이 도와 드리겠습니다.

连接语尾「(으)면」表示习惯性、规律性的条件。相当于汉语的"只要是……就……"。

例子 봄이 오면 꽃이 핀다.

누구나 부지런히 일하면 성공한다.

선생님이 시킨 일이면 열심히 한다.

09 바로 밖에 차를 준비해 놓겠습니다.

补助动词「아/어/여 놓다」表示前面的动作已经结束，但是状态依然在持续。

例子　더우니 문을 열어 놓아라.

　　　보고서는 이미 작성해 놓았지만 언제 제출해야 할지 모르겠다.

　　　어머니가 밥을 해 놓으셨어요.

练　习

1. 按顺序使用下列给出的单词或短语，完成下列对话。

　　　　　둘러보다　　얼마든지　　괜찮아 보이다

A: 여기가 저희 가게입니다.

B: 오, 그래요?_____.

A: 그럼요._____그리고 마음에 드는 것을 고르십시오.

B: _____한번 입어 봐도 될까요?

마음에 들다   나중에 얘기하다   듣고 싶다

A: 저는 _____귀사의 제품을 한국에서 판매하고 싶습니다.

B: 정확히 어떤 종류의 계약을 생각하고 계십니까?

A: _____우선 저희 회사에 대해 간단히 말씀 드리지요.

B: 예, _____.

품질이나 가격   별로   희망적인 소식

A: 우리 회사의 제품이 마음에 드세요?

B: _____그래서 귀사의 제품을 한국에서 판매할 생각입니다.

A: 최근 한국의 경기는 어떻습니까?

B: _____내년 초쯤에는 좀 나아지겠지요.

A: _____.

금일 오후   다음으로 미루다   차를 준비하다

A: 경리님, 전 급한 일이 생겨서 한국으로 돌아가야 합니다.

B: 언제 가실 예정입니까?

A: _____.

B: 그럼 더 구체적인 상담은 어떡하지요?

A: _____.

B: 그러세요? 알겠습니다.

제 4 과   환영   47

2. 根据汉语内容，完成下列韩国语句子。

1）别犹豫，选自己喜欢的。

　　　＿＿＿＿＿＿＿＿＿＿＿＿＿＿＿＿＿＿＿ 마음에 드는 것을 골라보세요.

2）我们公司的新产品有三种款式，市场的反应也很好。

　　　우리 회사의 신제품은 ＿＿＿＿＿＿＿＿＿＿시장의 반응도 아주 좋습니다.

3）无论是款式还是颜色都很满意。

　　　＿＿＿＿＿＿＿＿＿＿＿＿＿＿＿＿＿＿＿ 모두 만족합니다.

4）我们一直为公司生产品质优秀的产品而自豪。

　　　저희는 ＿＿＿＿＿＿＿＿＿＿＿＿＿＿＿＿자랑스럽게 생각합니다.

5）详细情况以后再说吧。

　　　자세한 사항은 ＿＿＿＿＿＿＿＿＿＿＿＿＿＿＿＿＿＿＿.

6）我是为了考查产品而来韩国的。

　　　＿＿＿＿＿＿＿＿＿＿＿＿＿＿＿＿＿＿＿ 한국에 왔습니다.

7）只要是我们能办到的，一定尽力而为。

　　　＿＿＿＿＿＿＿＿＿＿＿＿＿＿＿＿＿＿＿＿＿＿＿＿＿＿＿＿＿＿＿.

8）进一步的洽谈下次再说吧。

　　　＿＿＿＿＿＿＿＿＿＿＿＿＿＿＿＿＿＿＿ 다음으로 미루도록 합시다.

9）我坐明天早上的火车回去。

　　　＿＿＿＿＿＿＿＿＿＿＿＿＿＿＿＿＿＿＿ 돌아갑니다.

3. 根据课文内容，回答下列问题。

1) 안부장은 삼안방직의 어디를 구경했습니까?

2) 삼안방직의 최신 제품은 어떻습니까?

3) 안부장은 삼안방직의 신상품이 마음에 듭니까?

4) 안부장은 자세한 계약 방식에 대해서 말했습니까?

5) 요즘 한국의 경제 상황은 어떻습니까? 앞으로의 전망은 어떻습니까?

6) 안부장이 이번에 중국에 온 이유가 뭡니까?

7) 안부장은 언제 한국에 돌아갑니까?

4. 自由会话

1) 무역 상담하러 온 바이어에게 회사의 제품을 소개해 주세요.
2) 당신이 바이어로서 모 회사에 제품을 보러 갑니다. 그 회사의 담당자와 이야기를 나누세요.
3) 상담 중 상대국의 경제 상황에 대해 대화를 나누세요.

5. 思考后，回答问题。

1) 바이어로서 처음 회사에 상담하러 가면 구체적으로 어떤 상담을 하겠습니까? 그리고 나중에 천천히 여유를 가지고 상담할 것은 무엇이 있습니까?
2) 상담하러 온 바이어하고 어떤 대화를 나눌 겁니까?

 职场礼节

상담예절	贸易洽谈礼节
• 명함 및 준비자료와 용모를 점검하고 약속에 늦지 않도록 출발한다.	• 检查一下名片、会谈资料是否携带、衣着是否整洁,准时出发,不要迟到。
• 사전에 확인 연락을 다시 한번 하고, 늦게 되는 경우 반드시 미리 알린다.	• 出发之前再次电话沟通,若会迟到,要事先告知。
• 만나자마자 바로 본론으로 들어가지 않고, 정중하고 기분 좋게 인사말과 안부 등을 묻는다.	• 切忌一见面就进入正题,最好先进行一番寒暄。
• 시간 여유가 없는 경우, 미리 양해를 구하여서 결례되지 않도록 한다.	• 如果赶时间,要事先请求谅解,不要失礼。
• 서류 가방은 의자의 측면이나 발 옆에 놓는다.	• 文件包最好放在椅子侧面或脚边。
• 상담중 화법과 태도에 주의하여 오해받지 않도록 한다.	• 洽谈过程中,要注意说话方式和态度,尽量不要引起误会。

- 용건은 간결, 명확하게 전달하고 상대의 말을 적극 경청한다.
- 상담의 결과에 집착하지 말고, 결과가 어떻든 기분 좋게 마무리하는 여유를 갖는다.

- 洽谈时，要简明扼要介绍来意，仔细倾听对方的谈话。
- 不要过于纠结洽谈结果，无论结果如何，都要保持气氛融洽。

제5과 카탈로그 및 견본

 课　文

词汇

1. 수출하는 품목은 모두 포함되어 있습니다.

포함되다（自）：包括

　　한국으로 돌아간 안부장은 이번 출장에서 본 제품에 대한 자세한 정보를 알고자 북경상사 강과장에게 전화를 걸어 제품 카탈로그를 의뢰한다.

출장（名）：出差
자세하다（形）：仔细
정보（名）：信息
카탈로그（名）：
　产品画册
의뢰하다（他）：委托

안부장: 안녕하세요. 저는 대한상사의 안부장입니다. 강과장님 계신가요?

강과장: 안녕하십니까? 안부장님, 그 간 잘 지내셨습니까?

안부장: 아, 예. 강과장님이신가요? 덕분에 잘 지냈습니다. 지난번 출장 때는 신세 많이 졌습니다.

신세를 지다（词组）：
　添麻烦

강과장: 아, 뭘요. 당연히 제가 해야 할 일인 걸요. 근데 무슨 일로 전화하셨습니까?

안부장: 다름이 아니라 일전에 소개해 주신

일전（名）：不久前

삼안방직 제품에 대해서 좀 더 알고 싶어 전화했습니다. 혹시 제품 카탈로그가 있는가요? | 혹시(副): 或许

강과장: 관심을 가져 주시니 고맙습니다. 보여 드릴 카탈로그가 몇 가지 있는데요. | 관심을 가지다(词组): 关注

안부장: 고맙습니다. 거기에 삼안방직의 전 품목이 다 나와 있습니까?

강과장: 예, 수출하는 품목은 모두 포함되어 있습니다.

안부장: 가격은 최근의 것인가요?

강과장: 예, 그런데 연말 경에 변경될 예정입니다. | 연말(名): 年末
안부장: 견본이 좀 있습니까? | 변경되다(自): 变更
| 견본(名): 样品

강과장 없는데요. 하지만 곧 보내 드릴 수는 있습니다.

안부장 좋습니다. 카탈로그를 좀 살펴본 다음 곧 연락을 드리겠습니다. | 살펴보다(他): 仔细看

2. 견본을 가지고 저희 고객들에게 보여 줘야겠습니다.

카탈로그를 살펴본 안부장은 관심 있는 주요 품목 몇 가지를 선택한 후 견본을 의뢰하기 위해 | 선택하다(他): 选择
북경상사의 강과장에게 전화를 건다.

안부장: 대한상사의 안부장입니다. 보내 주신 카탈로그는 잘 받아 보았습니다. 그 중 B-2134, B-2156, C-3245가 제가 찾고자 하는 제품에 가장 적합합니다.

강과장: 아, 예. 그 제품들은 금년에 생산해 낸 새로운 제품들입니다.

안부장: 그렇습니까? 제게 보내 주실 수 있는 견본이 있나요?

강과장: 공장에 의뢰하여 바로 보내 드리도록 하겠습니다. 내일 중 D.H.L로 보내면 늦어도 이 번주 수요일까지는 받아 보실수 있습니다.

안부장: 아, 예. 고맙습니다. 도착 즉시로 견본을 가지고 저희 고객들에게 보여 줘야겠습니다. 그럼 안녕히 계십시오.

적합하다 (形) : 适合
금년 (名) : 今年
즉시 (副) : 马上
고객 (名) : 顾客

3. 제품의 품질이 이 견본만 하다면...

안부장: 보내 주신 견본을 살펴보았습니다. 품질이 꽤 양호하더군요. 고객들의 반응도 좋았습니다.

강과장: 다행입니다. 사실 그 회사의 제품은 동종업계에서 최고의 품질을 자랑합니다. 믿을 수 있는 회사지요. 장담할 수 있어요.

양호하다 (形) : 良好
동종 (名) : 同一种类
자랑하다 (他) : 以……为荣
장담하다 (他) : 保证

안부장: 글쎄요. 제품에 품질이 견본과 같다면 6,000m를 주문하고 싶습니다.

주문하다 (他): 订货

강과장: 모두 견본보다 낫지는 못해도 최소한 그 정도는 된다는 것은 보장할 수 있습니다.

보장하다 (他): 保障

안부장: 좋습니다. 기대하고 있습니다.

注　解

01 뭘요!

补助词「요」放在名词、代词、副词等独立成分后，表示文章的终结，对听话人有尊敬的意味。习惯用语「뭘요」是对别人的称赞或感谢的一种谦虚、客气的回答，也可以说「별 말씀을요」，相当于汉语的"您说哪儿去了，哪里哪里"等。

例子　빨리요!

저요?

왜요?

02 당연히 제가 해야 할 일인 걸요.

终结语尾「ㄴ/는 걸요」，表示一种轻微的感叹。

例子　응당히 제가 할 일을 했을 뿐인 걸요.

단지 제가 문을 열었을 뿐인 걸요.

03 다름이 아니라 일전에 소개해 주신 삼안방직 제품에 대해서 좀 더 알고 싶어 전화했습니다.

惯用型「다름이 아니라」，相当于汉语的"不是别的"。

例子 다름이 아니라 학교 입학 수속에 대한 정보를 좀 알고 싶어서 전화를 했습니다.

제가 이렇게 메일을 드리는 이유는 다름이 아니라 몇 가지 상당할 내용이 있기 때문입니다.

다름이 아니라 몇가지 문의 할 게 있어서 이렇게 전화를 했습니다.

04 그런데 연말 경에 변경될 예정입니다.

接尾词「경」接在表示时间的名词后，和「쯤/전후」的意思相似，相当于汉语的"前后"。

例子 오전 9시경 회의가 시작되었습니다.

오는 6월경에 귀국할 예정입니다.

05 카탈로그를 좀 살펴본 다음 곧 연락을 드리겠습니다.

惯用型「ㄴ/은 다음」接在动词词干后，表示在……之后。

例子 피를 닦은 다음에 소독을 하였다.

동생이 한동안 울고 난 다음에 곤히 잠이 들었다.

06 그 제품들은 금년에 생산해낸 새로운 제품들입니다.

补助动词「아/어/여 내다」接在动词词干后，表示前面的动作在经过一番努力后终于实现，相当于汉语的"……出"。

例子　끝까지 참아냈다.

　　　드디어 좋은 방법을 생각해냈다.

07　내일 중 DHL로 보내면 늦어도 이번 주 수요일까지는 받아 보실 수 있습니다.

「중」是依存名词，接在一部分表示时间的名词后，表示不超过这一时段。「늦어도」为习惯用语，相当于汉语的"最晚……"，同样的还有「적어도」，相当于汉语的"至少……"。「까지」接在时间名词后，表示一个截止的时间。

例子　그는 내일 중으로 출국할 예정입니다.

　　　오전 중으로 일을 마치겠습니다.

　　　늦어도 다음 주에 제출해야 합니다.

　　　늦어도 다음 달 중순까지 결정될 겁니다.

　　　내일은 8시까지 회사에 도착해야 한다.

　　　언제까지 울고만 있으려고요?

08　도착 즉시로 견본을 가지고 저희 고객들에게 보여줘야겠습니다.

名词「즉시」表示某个动作发生的当时。

例子　현금 지급기는 기다림없이 즉시 돈을 인출할 수 있어서 편리하다.

　　　이 편지를 받는 대로 즉시 그 곳을 떠나도록 하세요.

09　품질이 꽤 양호하더군요.

终结语尾「더군요」，表示说话人陈述或回想自己在过去曾经经历过的事情，并且对这一新发现的事实发出轻微的感叹。

例子 모두 무엇에 미쳐 있더군요.

남편이 그동안에 많이 말랐더군요.

너희 과장 참 좋은 사람이더군.

10 제품의 품질이 견본과 같다면 6,000m를 주문하고 싶습니다.

连接语尾「ㄴ/는다면」表示对于某种事实进行假定, 形容词词干和「았/었/였/겠」的后面使用「다면」。

例子 지가 죽어도 안 가겠다면 내가 어쩌겠니?

내가 너처럼 건강하다면 좋겠다.

 练 习

1. 按顺序使用下列给出的单词或短语, 完成下列对话。

신세를 지다   해야 할 일   관심을 가져주다

A: 강과장님, 지난번 출장 갔을때_____

B: 뭘요. _____그 동안 잘 지내셨습니까?

A: _____덕분에 잘 지냈습니다.

제 5 과 카탈로그 및 견본

훅훅훅 전화하다   혹시   전품목 훅훅훅

A: _____

B: 제품에 대해서 좀 더 알고 싶어 전화했습니다. _____

A: 네, 있습니다. _____

B: 보내주시면 감사하겠습니다.

훅훅훅 잘 받다   견본   늦어도 수요일까지 훅훅훅

A: _____

B: 네, 그 제품들은 모두 금년의 신제품입니다.

A: _____

B: 네, 있습니다. 바로 보내도록 하겠습니다. _____

훅훅훅 품질이 양호하다   자랑하다   기대하다 훅훅훅

A: 보내주신 견본을 잘 봤습니다. _____

B: 우리 제품은 _____

A: 네, 우리는 6,000미터를 주문할까 합니다.

B: 꼭 좋은 제품을 드리도록 하겠습니다.

A: 좋습니다. _____

2. 根据汉语内容，完成下列韩国语句子。

1）安部长为了了解产品的详细情况，打电话索要宣传画册。

　　안부장은 ＿＿＿＿＿＿＿＿＿＿＿＿＿ 전화를 걸어 제품 카탈로그를 의뢰한다.

2）我此次打电话没有别的目的，就是想再了解一下产品的情况。

　　이번에 전화한 것은 ＿＿＿＿＿＿＿＿＿＿＿＿＿＿＿＿＿＿＿＿＿.

3）所有产品全部包括在内。

　　＿＿＿＿＿＿＿＿＿＿＿＿＿＿＿＿＿＿＿＿＿＿＿＿＿＿＿＿＿＿＿.

4）看完宣传画册，马上和您联系。

　　카탈로그를 ＿＿＿＿＿＿＿＿＿＿＿＿＿＿＿＿＿＿＿＿＿＿＿＿.

5）如果我今天之内用DHL寄的话，最晚周三就能收到。

　　＿＿＿＿＿＿＿＿＿＿＿＿＿＿＿＿ 이번주 수요일까지는 받을 수 있습니다.

6）样品一到，我就马上拿给顾客看。

　　＿＿＿＿＿＿＿＿＿＿＿＿＿＿＿＿＿＿＿ 고객들에게 보여주겠습니다.

7）我可以保证那个公司的产品在同行业中是最好的。

　　그 회사의 제품은 ＿＿＿＿＿＿＿＿＿＿＿＿＿＿ 것을 장담할 수 있습니다.

8）假如质量和样品一样的话，我想订货。

　　＿＿＿＿＿＿＿＿＿＿＿＿＿＿＿＿＿＿＿＿＿＿＿＿주문하고 싶습니다.

9）我们敢保证就算不比样品好，至少也会达到样品的水准。

　　＿＿＿＿＿＿＿＿＿＿＿＿＿＿＿＿＿＿＿＿＿＿＿＿보장할 수 있습니다.

3. 根据课文内容，回答下列问题。

1）안부장이 무슨 일로 강과장에게 전화를 했습니까?

제 5 과　카탈로그 및 견본　　61

2) 카탈로그에 나와 있는 가격이 일년내내 변경이 없습니까?

3) 대한상사에서 찾고자 하는 제품은 어떤 제품들입니까?

4) 안부장이 카탈로그를 받은 후에 또 삼안방직에 무엇을 의뢰했습니까?

5) 대한상사에서 언제 견본을 받을 수 있습니까?

6) 견본의 품질과 고객의 반응이 어떻습니까?

7) 대한상사에 얼마의 수량을 주문하고 싶어합니까?

8) 삼안방직에서 제품의 품질에 관해 어떤 보장을 했습니까?

4. 自由会话

1) 전화해서 바이어에게 카탈로그와 견본을 의뢰하세요.

2) 견본에 나와 있는 품목으로 주문하세요.

5. 思考后，回答问题。

원하는 제품의 카탈로그를 살펴본 후 전화를 통해 품질과 가격에 관해 이야기를 나누어보세요.

 职场礼节

근무예절	工作礼节
• 출근은 근무시간 전에 근무 장소에 도착해서 근무 준비가 되도록 한다.	• 上班时，提前几分钟到达工作单位，为一天的工作做准备。
• 사무용 소모품을 아끼고, 비품을 정결하게 다루며 근무 주변을 정리 정돈한다.	• 爱惜办公用品，保持物品整齐，注意办公室环境整洁。
• 남의 일에 간섭하지 않으면서도 서로 협조하며 자기일은 남에게 미루지 않는다.	• 在不干涉他人工作的前提下，同事之间互帮互助，自己的事情自己做。
• 직장업무는 모든 일이 남과 연계되어 있으므로 다른 사람의 업무에 지장이 없도록 자신의 책임을 다한다.	• 在单位，一切工作都和其他人息息相关，因此一定要尽职尽责，不要给他人的工作带来不便。

- 사적인 전화를 억제하고, 회사용품도 사적으로 사용하지 않아야 한다.

- 사적 방문객으로 회사의 업무에 지장을 가져와서는 안 된다. 사적인 방문인의 경우는 상급자의 양해를 받아 근무장소가 아닌 곳에서 대하는 것이 예의다.

- 출장 등 사외 근무시에는 사내 관계자가 기다리거나 궁금하지 않게 수시 보고를 한다.

- 퇴근할 때는 업무를 중단하고 퇴근시간을 기다리지 말고, 퇴근시간이 된 뒤에 정리할 것이며, 가능하면 하던 일을 끝내는 성의가 있어야 한다.

- 尽量避免私人电话，不要私自挪用公司公共物品。

- 不要因私事会见客人而影响公司工作。若因私事要会见客人时，应取得上级的允许后，选择办公地点以外的地方见面。

- 公务出差时，要随时向有关领导汇报工作，不要让领导们着急。

- 下班时间临近时，不要停止公务，等待下班，最好在下班时间到了以后，再整理物品，尽可能把没做完的工作完成后再下班。

제6과 오파 및 주문

 课　文

词汇

1. 귀사의 오파가 수락되도록 권장하겠습니다.

　북경상사가 보낸 제품에 대하여 안부장은 최저 6,000m에 가격은 m당 9불을 제안한다. 이에 대해

안부장: 강과장님, 보내주신 새 제품이 상당히 가능성이 있는 것으로 생각됩니다만, 한 가지 마음에 걸리는 점이 있습니다.

강과장: 그게 뭐지요?

안부장: 가격입니다. 경쟁력이 없거든요.

강과장: 가격에 대한 협상의 여지는 언제나 있습니다. 하지만 그와 동시에 한계도 있죠.

안부장: 당연하지요. 하지만 제가 제의하고자 하는 것은 무리한 게 아닙니다. 주문 수량은 최저 6,000m에 가격은 m당 9불입니다.

강과장: 좋습니다. 제가 귀사의 제의가 수락되도록

오파 (名) : 报价
수락되다 (自) : 接受
권장하다 (他) : 劝说

제안하다 (他) : 提议

마음에 걸리다 (词组) :
　放心不下、耿耿于怀

경쟁력 (名) : 竞争力
협상 (名) : 协商
여지 (名) : 余地
한계 (名) : 限度
제의하다 (他) : 提议
무리하다 (形) : 强人所难
주문 수량 (名) : 订货数量
최저 (名) : 最低

권유 드리겠습니다.

2. 저희 제안은 이달 말까지 유효합니다.

	유효하다 (形) : 有效

　북경상사의 강과장과 대한상사의 안부장은 어제에 이어 상담을 계속한다. 가격 절충이 여의치 않자 안부장은 자신의 최종조건을 제시한다.

잇다 (他) : 连接
절충 (名) : 折中
여의치않다 (词组) : 　不如意
제시하다 (他) : 提出

안부장: 강과장님, 아주 좋은 제안 하나를 하겠습니다.

강과장: 좋습니다. 어떤 것인지 좀 들어봅시다.

안부장: 귀사측에서 제품 가격을 m당 9불에 주신다면 추가로 4,000m를 더 주문하겠습니다.

추가 (名) : 追加

강과장: 모두 10,000m를 주문하신다는 말씀입니까?

안부장: 그렇습니다. 단가 9불에 모두 10,000m를 주문하겠습니다. 저희의 제안은 이달 말까지 유효하니까 받아들이시든지 거절하시든지 하십시오.

단가 (名) : 单价

받아들이다 (他) : 接受
거절하다 (他) : 拒绝
당장 (副) : 马上

강과장: 글쎄, 지금 당장은 어떤 식의 약속도 드릴 수가 없군요. 사장님과 우선 확인을 해 봐야 하니까요.

제 6 과　오파 및 주문

3. 우리의 제안에 대해 언제까지 답변해주시겠습니까?

답변하다（他）：答复

　　북경상사로부터 제안에 대한 답변이 없자 안부장은 재차 전화를 걸어 묻는다.

재차（副）：再次

안부장: 강과장님, 저희가 한 제안에 대해 언제까지 답변해 주시겠습니까?

강과장: 글쎄요, 그것은 상부의 결정에 달려 있습니다.

상부（名）：上层

안부장: 대략 언제쯤 될지 알 수 없을까요?

강과장: 제 짐작이 틀리지 않는다면, 다음 주 중이 될 것입니다.

짐작（名）：估计

안부장: 그보다 더 빨리는 안 될까요?

강과장: 그보다 더 빠를 수도 있다고 말씀 드린다면 거짓말 밖에는 안 됩니다.

거짓말（名）：谎言

注　解

01　귀사의 오파가 수락되도록 권장하겠습니다.

　　连接语尾「도록」在本句子中指后句所要达成的目标，相当于汉语的 "使得"。

例子 손님이 편히 주무시도록 방이 조용하여야 합니다.

아이들이 길을 안전하게 건널 수 있도록 보살펴야 한다.

02 북경상사가 보낸 제품에 대하여 안부장은 최저 6,000m에 가격은 m당 9불을 제안한다.

依存名词「당」接在表示数和单位的名词后，相当于汉语的"每"。

例子 이 생선은 마리당 삼천 원이에요.

시간당 얼마나 받아요?

03 강과장님, 보내주신 새 제품이 상당히 가능성이 있는 것으로 생각됩니다만, 한 가지 마음에 걸리는 점이 있습니다.

助词「로/으로」加在表示看作的对象的句子后，表示「(이)라고」的意思，「로/으로 생각되다」也可写做「(이)라고 생각되다」，同样还可以使用这种形式的动词有「보이다/이해하다」等等。助词「만」接在终结语尾「ㅂ니다/습니다」的后面，和「지만」的意思相同，但语气比后者更加郑重一些，相当于汉语的"但是"。

例子 그가 관대한 처벌을 받을 것으로 보인다.

나는 조선 후기 실학자들의 사상을 근대 지향적인 것으로 이해하고 있다.

먹고 싶습니다만 돈이 없어요.

말씀은 고맙습니다만 쉽게 잊혀지지는 않을 거예요.

04 경쟁력이 없거든요.

终结语尾「거든」用于向别人做解释性说明。

例子 해외여행을 떠나려면 돈과 시간이 충분히 있어야 갈 수 있거든요.

일의 성과에는 그에 따르는 보상이 따라야 되거든요. 그렇지 않으면 노력을 안 하게 돼요.

05 가격에 대한 협상의 여지는 언제나 있습니다.

助词「나/이나」接在疑问代词后面，表示"无论……"的意思。

例子 누구나 열심히 하면 좋은 결과를 얻을 수 있다.

어디서나 쉽게 찾을 수 있는 물건은 아닙니다.

06 하지만 그와 동시에 한계도 있죠.

惯用型「와/과 동시에」相当于汉语的"同时、一起"。「그와 동시에」相当于汉语的"与此同时"。

例子 이 일은 돈을 많이 벌지만 그와 동시에 위험도 큽니다.

이번 여행은 매우 흥미진진하지만 그와 동시에 비용도 많이 듭니다.

07 북경상사의 강과장과 대한상사의 안부장은 어제에 이어 상담을 계속한다.

动词「잇다」接在名词后，要使用助词「에」，在句子中通常以「이어」或者「이어서」的形式出现，表示"紧接着……"。

例子 개회사에 이어 회장님의 인사 말씀이 있겠습니다.

개인별 주제 발표가 끝나자 이어서 공동 토론회가 시작되었다.

08 모두 10,000m를 주문하신다는 말씀입니까?

「ㄴ/는다는 말씀입니까?」是「ㄴ/는다는 말입니까?」的尊敬形式，为了

确认对方所说的话，常用疑问句的形式出现，相当于汉语的"你说的意思是……吗？"

例子 아니, 네가 먹고 살 길이 진정 그것뿐이란 말이냐?

09 저희의 제안은 이달 말까지 유효하니까 받아들이시든지 거절하시든지 하십시오.

连接语尾「든지」常以「…든지 …든지」的形式出现，表示在两种互相对立或者完全相反的事实中进行选择，相当于汉语的"要么……要么……"。

例子 집에 가든지 학교에 가든지 해라.

노래를 부르든지 춤을 추든지 네 맘대로 해라.

10 그것은 상부의 결정에 달려 있습니다.

惯用型「에 달리다」表示被前面的事情所左右，相当于汉语的"取决于"。

例子 일의 성패가 여러분에게 달려 있습니다.

너의 운명은 이 사업에 달려 있다고 해도 과언이 아니다.

11 그보다 더 빠를 수도 있다고 말씀 드린다면 거짓말 밖에는 안 됩니다.

助词「밖에」跟在体言、副词后，接具有否定意义的句子，表示"除此之外"。

例子 그 상황에서는 그렇게밖에 할 수 없었어.

다 먹어 치우고 조금밖에 없어요.

가지고 있는 돈이 천 원밖에 없었다.

 练 习

1. 按顺序使用下列给出的单词或短语，完成下列对话。

> 마음에 걸리다   경쟁력이 없다   권유드리다

A: 보내 주신 세 제품을 봤는데요. _____.

B: 그게 뭐지요?

A: _____.

B: 가격에 대한 협상의 여지는 언제나 있습니다.

A: 제가 제의하고자 하는 것은 m당 9불입니다.

B: 알겠습니다. _____.

> 한계가 있다   무리하다   추가

A: 과장님, 제가 좋은 제안 하나를 하겠습니다.

B: 좋습니다. 가격이 언제나 협상의 여지가 있습니다. _____.

A: _____.

B: 어떤 것인지 좀 들어봅시다.

A: m당 9불에 주신다면 _____.

B: 그렇습니까? 사장님과 상의를 해 봐야겠습니다.

> 말씀   유효   약속을 드리다

A: 제품 가격을 m당 9불에 주신다면 추가로 4,000m를 더 주문하겠습니다.

B: _____.

A: 네, 그렇습니다. _____.

B: _____우선 사장님과 확인을 해 봐야 합니다.

> 답변   짐작이 틀리다   빨리

A: _____.

B: 그것은 상부의 결정에 달려 있습니다.

A: 대략 언제쯤 될까요?

B: _____.

A: _____.

B: 네, 그렇습니다.

2. 根据汉语内容，完成下列韩国语句子。

1) 我好好劝说一下，让他们接受你们公司的报价。

   귀사의 오퍼가 _____.

2) 我觉得你们寄来的新产品还是相当有希望的。

   보내 주신 새 제품이 _____.

3) 关于价格方面任何时候都可以商量，但同时也是有限度的。

   _____하지만 그와 동시에 한계도 있습니다.

4）价格谈判不是很圆满，所以安部长又提出了自己最终的价格底线。

　　_____안부장은 자신의 최종 조건을 제시한다.

5）那好吧，说来我听听。

　　좋습니다. _____.

6）我们的提案一直到本月底有效，接不接受请自便。

　　저희의 제안은 이달 말까지 유효하니까 _____.

7）请问什么时候能给我们答复？

　　_____.

8）这得看我们公司领导的决定。

　　이것은 _____.

9）如果我估计得没错的话，大概是这个周末。

　　_____이번주 주말일 겁니다.

10）如果我那样告诉你的话，那是我在撒谎。

　　그렇게 말씀 드린다면 _____.

3. 根据课文内容，回答下列问题。

1）안부장은 새 제품이 가능성이 있다고 생각합니다만 마음에 걸리는 점이 있습니다. 무엇인가요?

2）안부장이 왜 최종 조건을 제시했습니까?

3）안부장이 모두 얼마를 주문하려고 합니까? 원하는 가격은 얼마입니까?

4) 안부장의 제안은 영원히 유효합니까?

5) 강과장이 안부장에게 답변을 해 줄 수 있습니까?

6) 안부장이 언제쯤 답변을 받을 수 있습니까?

4. 自由会话

1) 상대방 회사의 오파가 마음에 들지 않을 때 상대방 회사와 가격을 협상해 보십시오.

2) 가격 절충이 여의치 않을때 상대방 회사에 자신의 최종조건을 제시해 보십시오.

3) 상대방 회사 측에서 답변을 재촉할 때 어떻게 이야기하시겠습니까?

5. 思考后，回答问题。

1) 비즈니스 상담에서 상대방 회사의 오파를 서슴지 않고 받아들일 겁니까?

2) 만약에 상대방과 거래를 하고 싶은데 가격 절충을 여러번 했는데도 잘 이루어지지 못한다면 당신이 어떻게 하실 겁니까?

3) 가격 절충에 대해 어떤 생각을 가지고 있습니까?

 **职场礼节**

| 사무실 예절 | 办公室礼仪 |

사무실 예절

▶ 상사, 동료, 부하와 협력 하에 활기찬 직장 분위기로 만들어가기 위한 근무예절입니다.

- 서로를 존중하고 약속을 꼭 지킨다.
- 직원 간에 서로를 이해하는 기회를 많이 갖는다.
- 맡은 업무에 충실한다.
- 긍정적인 자세로 지시받고, 기한과 수량 등을 꼭 확인한다.
- 끝나면 바로 보고하고 경우에 따라 중간보고를 꼭 한다.
- 어려울 때 서로를 위로하고 격려한다.
- 가까울수록 예의를 갖추고 언행에 서로 주의한다.
- 내방객 앞에서는 직원간에 상호 존대 표현을 한다.

办公室礼仪

▶ 办公室礼仪是为了和上司、同事、下属共同营造一种愉悦的工作气氛。

- 互相尊重,信守承诺。
- 多创造一些机会,增进同事间的了解。
- 忠于职守。
- 积极接受领导指示,认真核对期限、数量等。
- 工作结束后及时汇报,必要的情况下,在工作进展过程中再进行一次中期汇报。
- 遇到困难,互相安慰和鼓励。
- 同事之间以礼相待,注意个人的言行举止。
- 在来访客人面前,同事间要使用敬语。

제 6 과 오파 및 주문

제7과 가격

 课 文

1. 꼭 된다는 보장은 드릴 수가 없습니다.

词汇

가격 협상은 한바탕 진통을 겪기 마련이다. 대한상사의 안부장은 북경상사의 강과장과 가격 절충을 해 봤지만 원만한 타결이 이루어지지 않는다.

한바탕（副）：一场
진통（名）：阵痛
겪다（他）：经历
원만하다（形）：圆满
타결이 이루어지다（词组）：达成妥协

강과장: 안부장님, 사과 드립니다. 부장님이 저한테 내신 견적 가격이 그만하면 됐다고 생각했습니다만, 저희 사장님께서 받아들이시질 않는군요.

사과（名）：道歉
견적（名）：报价

안부장: 제가 말씀 드렸듯이, 저희 측 주문이 대량임을 충분히 고려하셔야 합니다.

충분히（副）：充分地
고려하다（他）：考虑

강과장: 예, 압니다. 하지만 귀사의 주문이 대량임을 고려하여 특별히 싸게 드린 가격이었어요.

특별히（副）：特别

　　　　　당사의 요구 가격이 원래 경쟁사들에 비해 　원래(名): 原来
　　　　　다소 높다는 것은 인정합니다. 그렇지만 　경쟁사(名): 对手公司
　　　　　우린 품질에서 그들보다 훨씬 앞서 　인정하다(他): 承认
　　　　　있습니다. 　앞서다(自): 领先

안부장: 저도 그런 줄은 알지만 일반 고객들은
　　　　그렇지 않습니다. 요즈음은 대다수 　대다수(名): 大多数
　　　　사람들이 가격만 생각을 하거든요.

강과장: 가격을 낮춘다는 건 질을 떨어뜨린다는 　낮추다(他): 降低
　　　　말인데 그렇게 하고 싶지 않습니다. 　떨어뜨리다(他): 降低
　　　　결국에는 상품 이미지가 더 중요하니까요. 　결국(名): 结果
　　　　　　　　　　　　　　　　　　　　　　　　　이미지(名): 形象

안부장: 다 옳은 말씀입니다만, 가격을 반드시 어느
　　　　정도 인하해 주셔야 합니다. 그 수밖엔
　　　　없어요. 저, 사장님과 만나 좀 더 합당한 　합당하다(形): 合理
　　　　가격을 내셔서 월요일까지 좀 알려주세요.
　　　　가능할까요?

강과장: 좋습니다. 일단 시도해 보지요. 그러나 꼭 　시도하다(他): 尝试
　　　　된다는 보장은 할 수 없습니다.

안부장: 그런 말씀 마세요. 그렇게 하시려고만 하면
　　　　하실 수 있는 줄 알고 있습니다.

2. 9불50에 하시든가 아니면 그만두셔야 합니다.

　　　　　　　　　　　　　　　　　　　　　　　　　공장도 가격(名): 出厂
　　　　공장도 가격이 m당 10불인 상품을 안부장은 　　　价

9불까지 깎아 달라고 요청해 보지만 좀처럼 쉽지가 않다.

요청하다(他)：要求
좀처럼(副)：轻易

강과장: 안부장님, 사장님의 최종 결정 가격이 9불 50입니다.

최종(名)：最终

안부장: 저런, 좀 비싸군요. 9불에 안 되겠습니까?

강과장: 9불 50이 최저 가격입니다.

안부장: 9불에 합시다.

강과장: 그렇게 되면 실제적으로 원가에 판매하게 되는 거니까 안 됩니다. 9불 50에 하시든가 아니면 그만두셔야 합니다.

실제적(名)：实际上
원가(名)：成本价

안부장: 여보세요. 제품을 파시려는 겁니까? 안 파시려는 겁니까?

강과장: 물론 팔리기를 바라지요. 하지만 더 이상 가격을 깎아 드릴 수는 없습니다. 가격을 더 깎으려면 질을 낮추는 수밖에 없는데, 저희들은 그러고 싶지 않거든요.

팔리다(自)：被卖出
바라다(他)：希望

안부장: 질을 낮추지 마시고, 귀사의 수익만 좀 낮추세요. 그 방법 뿐입니다.

수익(名)：收益, 利润

강과장: 이해를 못하시는군요. 노임이 엄청나게 올랐습니다.

노임(名)：人工费
엄청나다(形)：
　非常、相当

안부장: 글쎄요. 그렇다면 귀사는 앞으로 더 이상 경쟁력을 갖지 못할 것 같은데요. 그렇게

오르다(自)：上涨

된다면 죄송하지만 이건에 대해서는 거래가 불가능하겠군요.

3. 이것은 저희 회사의 최후 양보입니다.

최후 (名) : 最后
양보 (名) : 让步

　북경상사는 대한상사와의 오랜 거래 관계를 고려하여 대한상사가 제시한 가격에 계약하기로 결정을 내린다.

강과장: 안부장님, 사장님께서는 대한상사와의 오랜 거래 관계를 고려하여 특별히 9불에 계약하기로 결정하셨습니다. 하지만 한 가지 분명히 해 둡시다. 이번이 마지막 양보입니다.

계약하다 (自) : 签合同
분명히 (副) : 明确地

안부장: 예, 좋습니다. 사장님께 감사하다고 전해 주십시오.

전하다 (他) : 转告

강과장: 자, 그럼 m당 단가 9불에 거래하기로 최종 결정을 내린 겁니다.

안부장: 예, 알겠습니다. 조만간 계약서를 보내 드리겠습니다.

조만간 (副) : 早早晚晚; 不久
계약서 (名) : 合同

제 7 과　가격

 注 解

01 가격 협상은 한바탕 진통을 겪기 마련이다.

惯用型「기 마련이다」表示理所当然会是这样的情况，相当于汉语的"自然会……"。

例子 겨울이 아무리 추워도 봄은 오기 마련이다.

젊음에는 사랑이 따르기 마련이다.

02 제가 말씀 드렸듯이, 저희 측 주문이 대량임을 충분히 고려하셔야 합니다.

连接语尾「듯이」，接在谓词词干和「았/었/였/겠」的后面，表示前后一致，可以用「ㄴ/은/는 것과 같이」的形式替换，相当于汉语的"就像……一样"。转成语尾「ㅁ/음」的作用是把所连接的动词或形容词名词化。「ㅁ」用在开音节动词、开音节形容词或「이다」词干后，「음」用于闭音节动词或闭音节形容词后。

例子 사람마다 생김새가 다르듯이 생각도 다르다.

사자의 무기가 이빨이듯이 소의 무기는 뿔이란다.

너의 신분이 학생임을 잊지 말아라.

지리산 뱀샷골에서 흘러내리는 샘물은 맑음을 자랑한다.

03 가격을 낮춘다는 건 질을 떨어뜨린다는 말인데 그렇게 하고 싶지 않습니다.

惯用型「...는다는 건 ...ㄴ다는 말이다」，相当于汉语的"所谓……，意味着……"。

例子 　일을 서둘러서 급하게 한다는 건 완성도를 떨어뜨린다는 말이다.

　　　일보다는 돈에 욕심을 부린다는 것은 진정한 목적에서 벗어난다는 말이다.

04 그런 말씀 마세요.

「말다」常常以「지 말다」的形式出现，前面接行为动词，表示禁止或放弃前面的行为，在本句中作为他动词，前面接名词，同样表示对前面某种行为的禁止，相当于汉语的"不要……"。

例子 　저만 믿고 걱정 마세요.

　　　내 염려는 말고 나가세요.

　　　남의 일 참견 말아요.

05 그렇게 하시려고만 하면 하실 수 있는 줄 알고 있습니다.

惯用型「(으)려고 하다」，接在动词词干后，表示意图和打算，「만」表示强调，「(으)려고만 하면」合在一起，表示"只要想做……的话"。惯用型「는/ㄴ/은 줄 알다」表示知道某一个事实。整句话直译成汉语的意思就是，"只要你想要那么做，就一定会办成"，相当于汉语的一句俗语"世上无难事，只怕有心人"。

06 9불 50에 하시든가 아니면 그만두셔야 합니다.

连接语尾「든가」，主要用于动词或形容词词干和「(으)시/았/었/였/겠」后，和「든지」的意思相同，相当于汉语的"要么"。惯用型「아니면」相当于汉语的"否则……"，惯用型「…든가 아니면…」表示让对方从中选择其一，相当于汉语的"要么……，否则……"。

例子　이리로 오시든가, 아니면 떠나주세요.

일을 하려면 열심히 하든가, 아니면 그만두세요.

07　공장도 가격이 m당 10불인 상품을 안부장은 9불까지 깎아 달라고 요청해 보지만 좀처럼 쉽지가 않다.

补助动词「아/어/여 달라고 하다」表示请求别人为自己做某事。

例子　아이가 엄마에게 자기 장난감을 사 달라고 한다.

엄마는 시장에 가서 물건을 살 때면 매번 깎아 달라고 하신다.

08　제품을 파시려는 겁니까, 안 파시려는 겁니까?

「(으)려는」是「(으)려고 하는」的缩写，表示主语的意图，相当于汉语的"打算"。

例子　떠나려는 사람을 붙잡을 수 없다.

팔려는 물건을 다 팔았습니다.

09　팔리기를 바라지요.

惯用型「기를 바라다」，接在动词或形容词词干后，相当于汉语的"希望……"。

例子　여러분이 우리 문학 작품을 많이 읽기 바랍니다.

부디 행복하시길 바랍니다.

10　그 방법 뿐입니다.

惯用型「뿐이다」，用于名词、代词后，表示"只有"。

例子 이제 믿을 것은 오직 실력뿐이다.

내가 가진 것은 이것뿐이다.

11 사장님께 감사하다고 전해 주십시오.

惯用型「…에게 …ㄴ/는다고 전하다」，表示向别人转达什么事实，相当于汉语的"转告说……"。助词「께」是「에게/한테」的尊敬形式。

例子 가족들에게 기쁜 소식을 전했다.

그들은 그곳 생활이 어렵다고 전했습니다.

첫 월급을 타면 부모님께 속 내의를 사 드릴 계획이다.

아버지께 아버지의 뜻에 따르겠다고 전해 주세요.

 练 习

1. 按顺序使用下列给出的单词或短语，完成下列对话。

받아들이다   싸게 드리다   질을 떨어뜨리다

A: 죄송합니다. 부장님이 내신 가격을 _____.

B: 저희 회사의 주문량이 많지 않습니까?

A: 예, 압니다. _____.

B: 좀 더 낮출 수 없습니까?

A: 네, _____그렇게 하고 싶지 않습니다.

품질이 앞서다   결국   가격을 인하하다

A: 귀사의 가격은 경쟁사들에 비해 비쌉니다.

B: 네, 인정합니다. _____.

A: 저도 압니다만 요즘 대다수 사람들이 가격만 생각을 하거든요.

B: 가격을 낮춘다는 건 질을 떨어뜨린다는 말인데 _____.

A: 다 옳은 말씀입니다만, _____.

원가에 판매하다   질을 낮추다   거래가 불가능하다

A: 좀 비싸군요. 9불에 합시다.

B: 그렇게 되면 _____.

A: 그래도 가격을 좀 더 깎아 주십시오.

B: _____그러고 싶지 않거든요.

A: 그러게 된다면 죄송하지만 _____.

거래관계를 고려하다   분명히 해 두다   조만간

A: _____.

B: 사장님께 감사하다고 전해 주십시오.

A: 하지만 _____.

B: 네, 좋습니다. 그럼, 단가 9불에 거래하기로 최종 결정을 내린 겁니다.

A: 네, 알겠습니다. _____.

2. 根据汉语内容，完成下列韩国语句子。

1）价格谈判总是会经历一些波折。

　　_____.

2）我已经和您说过了，希望考虑一下，我们这边订货的量较大。

　　_____, 저희 측 주문이 대량임을 충분히 고려하셔야 합니다.

3）我承认我们的价格和其他公司相比多少有些贵。

　　_____것은 인정합니다.

4）我先试一试，不过我不敢保证。

　　일단 시도해 보겠습니다. _____.

5）别这么说，我相信只要想做，没有做不成的。

　　그런 말씀 마세요. _____.

6）要么现在来，要么就算了。

　　_____.

7）你们公司到底想不想卖了？

　　귀사는 _____.

8）只有这个办法了。

　　_____.

9）那样的话，你们公司今后很难有竞争力。

　　그렇다면 _____.

10）请替我向社长说声谢谢。

　　_____.

제 7 과　가격　87

3. 根据课文内容，回答下列问题。

1) 강과장님이 무슨 일로 안부장님께 전화를 했습니까?

2) 안부장님이 강과장님에게 가격을 인하해 달라는 이유가 뭡니까?

3) 대한상사의 가격이 다른 회사보다 비싼 이유가 뭡니까?

4) 강과장님이 왜 가격을 낮출 수 없다고 합니까?

5) 대한상사에서 원하는 가격은 얼마입니까? 북경상사에서 줄 수 있는 최저 가격은 얼마입니까?

6) 안부장님은 북경상사가 앞으로 경쟁력이 없고 이 건에 대해서 거래가 불가능하다고 하는 이유가 뭡니까?

7) 북경상사가 마지막으로 양보한 이유가 뭡니까?

8) 비즈니스 상으로 가격을 결정한 후에 무슨 일을 해야 됩니까?

4. 自由会话

1) 상대방 회사에서 가격을 낮춰 달라고 하는데, 당신은 상대방의 요구를 받아들일 수 없습니다. 그러면 어떤 식으로 설명을 해야 됩니까?

2) 상품의 가격을 8불로 제시했는데, 상대방 회사에서 7불로 달라고 했습니다. 하지만 당신이 줄 수 있는 최종 가격은 7불50입니다. 이에 대해서 상대방과 가격을 협상해 보십시오.

5. 思考后，回答问题。

1) 가격 협상에 대해서 어떻게 생각합니까?
2) 만약 상대방과 가격을 협상했는데 졌으면 어떻게 표현합니까?

 **职场礼节**

직장생활 십계명	职场生活的十点注意事项
1. 직장인은 몸가짐을 바르게 하고 책상 서류 등을 항상 정돈한다.	1. 作为一名职场人士要注意行为举止，保持桌面、文件等摆放整齐。
2. 되도록 결근은 하지 않는다.	2. 尽量不要旷工。
3. 개인 문제를 회사로 가져오지 말아야 한다.	3. 个人问题不要带到公司内解决。
4. 직장 내에서 기밀 사항을 알게 되었을 때 그 기밀을 유출하지 않는다.	4. 一定要严守公司内部的一切机密。
5. 개인적인 전화 사용은 긴급한 상황으로만 제한한다.	5. 非紧急情况不要拨打或接听私人电话。
6. 가족이 일터를 방문하는 것은 경력에 전혀 도움이 안 된다.	6. 家人来访不会对职场生涯有任何益处。
7. 전화 통화는 되도록 간결하게 한다.	7. 拨打或接听电话尽量长话短说。

8. 동료의 전화도 친절하게 받아준다.	8. 协助同事接听来电要亲切。
9. 종이 한 장도 아끼며, 공용과 사용을 엄격히 구분한다.	9. 节约办公用品，做到公私分明。
10. 모든 행동은 동료에게 방해가 되지 말아야 한다.	10. 个人行为不要对同事造成不利影响。

제8과   거래 조건 및 납기

课   文

词汇

1. 거래 방식은 어떻습니까?

거래 당사자간에 거래 방식은 대체로 고정되어 있다. 국제간의 상거래는 대금 지불의 안정성을 위해 L/C를 많이 이용한다.

안부장: m당 단가 9불에 모두 10,000m를 구매할 예정입니다. 대금 지불 방식은 어떻습니다?

강부장: 저희는 신용장 거래 조건입니다. 납기는 신용장 개설 일자로부터 최소한 2개월에서 최대 3개월로 해 주십시오.

안부장: 그건 좀 긴데요. 하지만 좋습니다. 운임은 어떻게 하시겠습니까?

강부장: FOB조건으로 계약했으면 합니다.

안부장: FOB 천진 말씀이지요?

강부장: 그렇습니다. 저희는 모든 계약에 대해서

납기(名): 交货期
방식(名): 方式
당사자간(词组): 当事人之间
대체로(副): 大体上
고정되다(自): 被固定
상거래(名): 商务往来
대금(名): 大笔现金
지불(名): 支付
안정성(名): 安全性
L/C(名): 信用证
구매하다(他): 购买
신용장(名): 信用证
개설(名): 开设
일자(名): 日子
최소한(副): 最少
최대(副): 最大
운임(名): 运费
FOB조건(名): 到岸价
천진(名): 天津

최근까지 바로 그런 식으로 거래해 왔습니다.

안부장: 좋습니다. 저희 간부들과 상의해 보겠습니다. 내일 다시 연락하여 답변 드리겠습니다.

강부장: 좋습니다.

간부(名): 干部
상의하다(自): 商量

2. 2개월로 할 수는 없을까요?

북경상사의 강과장이 납기는 신용장 도착 후 3개월 이내라고 하자, 안부장은

이내(名): 以内

안부장: 지금 바로 주문하면 언제쯤 상품 인도가 가능할까요?

인도(名): 发货

강과장: 신용장 도착 후 3개월 이내에 해 드립니다.

안부장: 2개월로 할 수는 없을까요?

강과장: 생산 능력을 확인해 보고 곧 알려 드리겠습니다. 원자재 확보가 언제까지면 가능할지도 알아봐야 하니까요.

원자재(名): 原材料
확보(名): 确保

안부장: 이 주문은 늦어도 9월 말까지 도착이 되어야 합니다. 그 시기를 놓치면 소용이 없습니다.

시기를 놓치다(词组): 错过时机

강과장: 좋습니다. 귀사의 주문에 최우선권을 두어 늦지 않게 인도해 드리겠습니다.

소용이 없다(词组): 没有用

3. 납기를 1주일 연장해 주실 수 있습니까?

북경상사의 강과장은 대한상사와의 물품 선적에서 원자재 확보의 어려움으로 정해진 날짜에 물건을 선적하기가 어려워지자 안부장에게 연락해서 납기 연장을 부탁한다.

강과장: 원자재의 인도 지연으로 납기 내에 귀사 상품을 선적할 수가 없습니다. 납기를 1주일 연장해 주실 수 있습니까?

안부장: 안 됩니다. 이미 합의한 사항은 변경이 불가능합니다. 잔업을 해서라도 제날짜에 맞추어 주셔야 합니다. 그렇지 않으면 전량을 항공화물편으로 보내야 합니다.

강부장: 지금 전 직원이 매일 잔업을 하고 있습니다. 어렵더라도 며칠만 연장해 주십시오.

안부장: 그럴 수 없습니다. 상품은 정시에 도착되어야 합니다.

강부장: 그렇지만 최종 기한을 맞출 수가 없습니다. 주문량의 반은 항공편으로 보내 드리고 나머지는 1주일 후에 보내 드리면 어떨까요?

안부장: 정 다른 방법이 없다면 그 조건을 받아들이겠습니다. 하지만 이 약속은 무슨

최우선권을 두다 (词组) : 给优先权
연장하다 (他) : 延长
물품 (名) : 物品
선적 (名) : 装船
어려움 (名) : 难处
정해지다 (自) : 被规定
날짜 (名) : 日期
지연 (名) : 拖延
합의하다 (自) : 谈妥、商定

사항 (名) : 事项
변경 (名) : 变更

잔업을 하다 (词组) : 加班
제날짜에 맞추다 (词组) : 如期
전량 (名) : 全部货物
항공화물편 (名) : 空运
정시 (名) : 按时
기한 (名) : 期限

일이 있더라도 지켜야 합니다.

강부장: 알겠습니다. 너무 걱정하지 마세요. 꼭 지키겠습니다.

注 解

01 납기는 신용장 개설 일자로부터 최소한 2개월에서 최대 3개월로 해 주십시오

助词「(으)로부터」接在时间名词后，表示时间的开始点，相当于汉语的"从……开始"。

例子 지금으로부터 삼 개월 전, 비가 많이 내린 날이었다.

02 FOB조건으로 계약했으면 합니다.

惯用型「았/었/였으면 하다」表示希望。

例子 내일 일이 예정대로 잘 진행되었으면 한다.

이 번 계약이 순조롭게 잘 되었으면 한다.

03 저희는 모든 계약에 대해서 최근까지 바로 그런 식으로 거래해 왔습니다.

补助动词「아/어/여 오다」主要用在动词词干后，表示某种动作或状态从过去朝着现在持续或进行。

例子 그는 이 직장에서 30년간이나 일해왔다.

그는 지금까지 아픔을 잘 견뎌왔다.

04 북경상사의 강과장은 대한상사와의 물품 선적에서 원자재 확보의 어려움으로 정해진 날짜에 물건을 선적하기가 어려워지자 안부장에게 연락해서 납기 연장을 부탁한다.

助词「(으)로」接在名词后，表示原因。惯用型「기가 어렵다」接在动词词干后，表示做什么事情有一些困难，相当于汉语的"难于……"。

例子 부부 싸움은 늘 하찮은 일로 생긴다.

무슨 일로 그렇게 걱정이 많으십니까?

시아버지는 모시기가 어렵다.

05 잔업을 해서라도 제날짜에 맞추어 주셔야 합니다.

惯用型「아/어/여서라도」接在动词词干后，表示让步，相当于汉语的"就算是……也……"。他动词「맞추다」常使用「...를/을...에/에게 맞추다」的形式，表示不违反某种标准或程度，相当于汉语的"按、按照"，课文中词组「제날짜에 맞추다」相当于汉语"按期"的意思。

例子 만든 사람의 성의를 생각해서라도 좀 먹어라.

아이들을 위해서라도 열심히 살아야 한다.

시간에 맞추어 전화를 한다.

그는 대학 선택을 점수보다는 자신의 적성에 맞추기로 했다.

어머니는 아버지에게 맞추어 음식을 하셨다.

06 그렇지 않으면 전량을 항공화물편으로 보내야 합니다.

惯用型「그렇지 않으면」表示"否则"的意思。

例子 성실히 살아야 한다.그렇지 않으면 나이 들어 후회한다.

내일까지 이 일을 끝마쳐야 한다.그렇지 않으면 손해가 많다.

07 정 다른 방법이 없다면 그 조건을 받아들이겠습니다.

副词「정」表示"真的是这种情况的话"，后面常接表示假设的连接语尾「(으)면/(ㄴ/는)다면」。

例子　정 그렇다면 네 마음대로 해라.

네 생각이 정 그렇다면 박 주임한테 지금처럼 사실대로 얘길 하든가.

자네가 정 싫다면 어쩔 수 없는 일이지.

 练　习

1. 按顺序使用下列给出的单词或短语，完成下列对话。

대금지불방식　　FOB 조건　　답변

A: 귀사의 제품을 구매할 예정입니다. _____.

B: 저희는 신용장거래조건입니다.

A: 운임은 어떻게 하시겠습니까?

B: _____.

A: 예, 알겠습니다. _____.

상품인도　　생산능력　　시기를 놓치다

A: _____.

B: 신용장 도착한 후 3개월 이내에 해 드립니다.

A: 2개월로 할 수는 없을까요?

B: _____.

A: 이 주문이 좀 빨리 도착할 수 있게 해 주세요. _____.

B: 네, 좋습니다.

> 납기   정시에 도착하다   약속을 지키다

A: _____.

B: 안 됩니다. 이미 합의한 사항은 변경이 불가능합니다.

A: 어렵더라도 며칠만 연장해 주십시오.

B: 그럴 수 없습니다. _____.

A: 그러면 반은 항공편으로 보내드리고 나머지는 일주일 후에 보내 드리면 어떨까요?

B: 어쩔 수 없지요 뭐. _____.

> 늦지 않게   제날짜에 맞추다   정

A: 이 주문은 늦어도 월말까지 인도해 주셔야 합니다.

B: 좋습니다. _____ 만약 원자재의 인도지연으로 납기 내에 선적할 수가 없다면 납기를 좀 연장해 주실 수 있습니까?

A: 안 됩니다. _____.

B: 만일 최종기한을 맞출 수가 없다면 주문량의 반은 항공편으로 보내 드리고 나머지는 일주일 후에 보내 드리면 어떨까요?

A: _____.

2. 根据汉语内容，完成下列韩国语句子。

1）在国际贸易中，为了保证大额资金的安全性，常常采用信用证。

_____ L/C를 많이 이용한다.

2）交货期限是从信用证开启之日起，最短2个月，最长3个月。

납기는 _____ 해 주십시오.

3）我们所有的交易，直到最近都是以此方式进行的。

저희 모든 계약에 대해서 _____.

4）请问如果我们马上订货的话，什么时候可以发货？

_____.

5）得看看原材料什么时候可以到货。

_____.

6）我们一定优先考虑贵公司的订货。

_____.

7）由于在规定的日期内无法装货，姜科长向安部长请求延期交货。

_____ 강과장은 안부장에게 납기 연장을 부탁한다.

8）已经谈好的事项不能变更。

_____.

9）如果真的没有其他办法的话，剩下的就空运吧。

_____.

3. 根据课文内容，回答下列问题。

　　1) 안부장은 모두 얼마만큼의 원단을 주문했습니까?

　　2) 어떤 방식으로 대금지불을 했습니까?

　　3) 운임은 어떻게 하기로 했습니까?

　　4) 강과장은 상품 인도를 언제까지 해 주기로 했습니까?

　　5) 안부장의 주문에 최우선권을 둔다고 했는데 무슨 뜻입니까?

　　6) 강과장이 왜 안부장에게 납기 연장을 부탁했습니까?

　　7) 안부장은 강과장의 납기 연기를 받아들였습니까?

　　8) 납기를 맞추기 위해 강과장 쪽은 어떻게 하고 있습니까?

　　9) 강과장과 안부장은 상품을 어떻게 인도하기로 약속했습니까?

4. 自由会话

　　1) 거래 회사와 대금 지불 방식과 운임에 대해 상담하십시오.

　　2) 거래 회사와 납기에 대해 상담하십시오.

　　3) 거래 회사와 납기 연기에 대해 상담하십시오.

5. 思考后，回答问题

원자재의 인도 지연으로 납기 내에 상품을 선적할 수 없을 때, 바이어에게 연락을 해서 납기 연장을 해 보세요.

 职场礼节

직장인의 옷차림과 자세	上班族的着装打扮和仪态
올바른 자세는 상대방에게 좋은 인상을 준다. 자세를 바르게 하는 것만으로도 모습이 바뀔 수 있다. 약간의 자각과 주의를 기울인다면, 자세의 교정은 가능해진다.	仪态端庄可以给对方留下很好的印象，同时也可以改变一个人的形象。因此，如果您稍稍花些心思，变化会悄然而至。

① 머리

머리를 흔드는 것은 꼴불견, 시선이 고정되지 않을 뿐만 아니라 좋은 인상을 줄 수 없다. 위에서부터 발끝까지 하나의 선으로 연결된 듯한 느낌으로, 동시에 턱과 지면이 평행을 유지하도록 한다.

② 어깨

긴장감을 갖는 것은 좋지만 어깨에 지나치게 힘이 들어가 있으면 보는 사람이 피곤하다. 좌우의 높이가 같도록 몸을 풀자.

③ 양손

대기할 때는 손을 포갠다.

④ 발

발의 움직임은 의외로 눈에 잘 뜨인다. 똑바로 서 있는 경우, 양발 뒷꿈치를 붙이고 발끝은 60-90도 정도로 벌린다.

⑤ 등

등을 쭉 펴는 것은 기본이다. 옆에서 몸을 봤을 때 귀-어깨-허리-무릎-복사뼈-뒤꿈치가 일직선이 되도록 한다.

① 头

切记不要摇头，摇头既不利于集中视线，也不会给对方留下好印象。要保持从头到脚呈一条直线，下颚和地面要平行。

② 肩

工作时虽然应该时刻保持紧张状态，但是肩膀过于挺直，反而让人感觉不自然。要保持身体放松，左右肩膀平衡。

③ 双手

站立时，双手自然并拢。

④ 脚

脚下一个小小的移动也不会逃过对方的视线，站立时，要脚跟并拢，脚尖分开呈60—90度。

⑤ 背

挺胸是最基本的要求。从侧面看，耳朵、肩膀、腰、膝盖、脚踝、脚跟要成一条直线。

제9과 선편

课 文

词汇

1. 바로 다음 번에 출항하는 해운동맹선사의 선편으로 선적을 합시다.

출항하다 (自) : 出港
해운동맹선사 (名) :
　海运同盟船社
선편 (名) : 船运，海运
작업 (名) : 生产工作
완료되다 (自) : 结束

　대한상사의 안부장과 북경상사의 강과장은 주문 상품의 작업이 완료되고 나면 어느 선편으로 선적할 것인가를 상의하고 있다.

안부장: 어느 선사가 부산항으로 가는 배를 가지고 있지요?

강과장: 저, A와 B 두 회사가 있습니다. A는 해운동맹에 가입한 선사이고 B는 비해운동맹선사입니다.

가입하다 (自) : 加入
비해운동맹선사 (名) :
　非海运同盟船社

안부장: 그럼 동맹선과 비동맹선의 차이는 무엇입니까?

차이 (名) : 差别

강과장: 동맹선은 선임이 좀더 비싸긴 한데 운행이 정기적입니다. 한편 비동맹선은 선임이

선임 (名) : 运费

좀더 싸긴 하지만 운행이 불규칙적이지요. 즉 화물이 있을 때만 운행을 합니다. 또한 신용 면에서 동맹선만큼 좋지를 못합니다.

안부장: 아, 알겠습니다. 좋습니다. 그럼 바로 다음 번에 출항하는 동맹선사의 선편으로 선적을 합시다.

운행（名）：运行
정기적（名）：定期
한편（副）：另一方面
불규칙적이다（形）：
　不规则的
화물（名）：货物
또한（副）：又
면（依）：方面

2. 지금 바로 재확인해 보겠습니다.

북경상사가 이번 주 15일경에 주문품을 선적할 예정이라고 하자, 안부장은 그 배가 직항선인지 아니면 다른 곳을 경유하는 선편인지 물어본다.

재확인하다（他）：
　重新确认

직항선（名）：直达船只
경유하다（他）：途经

안부장: 강과장님, 선적을 얼마나 빨리 해 주실 수 있겠습니까?
강과장: 이번 주 15일에 될 겁니다.
안부장: 직항선에 의한 선적인가요?
강과장: 저, 당장은 모르겠습니다. 지금 바로 재확인해 보겠습니다.
안부장: 컨테이너선인가요?
강과장: 예, 컨테이너선을 수배해 뒀습니다.

컨테이너선（名）：集装箱

수배하다（他）：
　配车、配船

3. 직항선이고 9월 20일에 부산항에 도착합니다.

강과장은 주문품의 선적일자와 선편을 확인한 후 대한상사의 안부장에게 통보한다.

강부장: 안부장님, 주문 제품이 다 완료되어서 9월 15일에 예정대로 선적합니다.

안부장: 좋습니다. 선복은 수배해 놓았습니까?

강과장: 예, SEALAND사의 9월 15일 천진발 'GOLDEN VOYAGE'입니다.

안부장: 직항선입니까? 언제쯤 부산항에 도착하지요?

강부장: 직항선이고 9월 20일에 부산항에 도착합니다.

선복(名): 船舱

 注 解

01 대한상사의 안부장과 북경상사의 강과장은 주문 상품의 작업이 완료되고 나면 어느 선편으로 선적할 것인가를 상의하고 있다.

终结语尾「ㄴ/는/은/인가」表示对事实提出疑问, 放在句中, 将疑问句作为句中的一个成分使用。

例子　시간 좀 있는가?

　　　누가 먼저 오는가가 문제이다.

　　　그것은 네가 얼마나 열심히 공부하는가에 달려 있다.

02 동맹선은 선임이 좀더 비싸긴 한데 운행이 정기적입니다.

惯用型「긴 하다」表示肯定前面内容，但后面还稍有补充。

例子　이 상품은 가격이 비싸긴 하지만 품질이 매우 좋다.

　　　그 여자는 얼굴이 못 생기긴 하지만 마음씨는 정말 좋다.

03 또한 신용 면에서 동맹선만큼 좋지를 못합니다.

依存名词「만큼」接在冠形词或者名词后，表示相当于前面所说内容的数量或程度。补助词「를」，表示强调。

例子　우리는 주는 만큼 받고 받는 만큼 주어야 한다.

　　　저는 당신만큼 사랑에 목마른 여자입니다.

　　　아무리 해도 흥분이 가라앉지를 않는다.

　　　한 시간도 놀지를 마라.

04 안부장은 그 배가 직항선인지 아니면 다른 곳을 경유하는 선편인지 물어본다.

连结语尾「ㄴ/는/은/ㄹ/을/인지」表示疑问或疑惑，引起一个疑问句作为句中动词的宾语出现。

例子　그 부인이 누구인지 궁금했습니다.

　　　우리는 이 강이 얼마나 깊은지 모릅니다.

05 직항선에 의한 선적인가요?

惯用型「에 의하다」常常以「에 의하면/에 의해서/에 의한」的形式出现，表示"依据……"，或者"由于……而引起的"。

例子　선생님 이야기에 의하면 법적 문제는 다 해결됐다고 한다.

　　　사상은 언어에 의해 표현된다.

　　　전쟁에 의한 참화가 많다.

06 안부장님, 주문 제품이 다 완료되어서 9월 15일에 예정대로 선적합니다.

助词「대로」接在名词后面，相当于汉语的"按照"。

例子　그는 매사를 고집대로 하였다.

　　　우리는 결국 저마다의 방식대로 살아갈 수밖에 없을 거야.

练 习

1. 按顺序使用下列给出的单词或短语，完成下列对话。

　　　　정기적이다, 불규칙적이다　　즉　　선적을 하다

A: A와 B 두 회사의 차이가 무엇입니까?

B: _____.

A: 불규칙적이라니요?

B: 불규칙적이다는 것은 _____.

A: 아, 알겠습니다. 그럼 _____.

예정   아니면   당장

A: 과장님, 선적을 언제 해 주실 수 있겠습니까?

B: _____.

A: 직항선인가요? _____.

B: _____ 지금 바로 확인해 보겠습니다.

예정대로   직항선에 의하다   부산항

A: 과장님, 주문 제품이 다 완료되었습니까?

B: _____.

A: 좋습니다. _____.

B: 네, 그렇습니다.

A: 언제쯤 도착합니까?

B: _____.

2. 根据汉语内容，完成下列韩国语句子。

1）安部长和姜科长在商量用哪家的船装船。

　　안부장과 강과장은 _____.

2）运费虽然贵一些，但是班次比较稳定。

　　_____.

3） 在信用方面也没有A公司好。

　　_____ .

4） 预计本周15号左右装船。

　　_____ .

5） 让我重新确认一下。

　　_____ .

6） 这艘船不是直达船，在别的地方需要中转。

　　이 배는 _____ .

3. 根据课文内容回答下列问题。

1） 안부장과 강과장은 무슨 일을 상의하고 있습니까?

2） 해운동맹과 비해운동맹의 차이가 뭡니까?

3） 안부장은 어느 선편으로 선적하기로 했습니까?

4） 선적을 언제 할 예정입니까?

5） 북경상사는 어떤 선편으로 선적할 겁니까?

6） 이번 주문 제품은 언제 도착할 겁니까?

4. 自由会话

1） 당신이 다음 달에 주문 상품을 보낼 것이 있는데 바이어와 선편에 관해서 상의를 해 보세요.

2) 주문 상품을 보내는 것에 관해서 선적 시간과 선편을 상의해 보세요.

5. 思考后，回答问题。

1) 선편을 선택할 때 먼저 운임을 생각하고 다음으로는 안전성, 마지막으로 신용과 속도를 생각하는 것은 맞습니까?

2) 운송 방식을 상의할 때 구체적으로 어떤 내용들을 상의해야 합니까?

 职场礼节

악수의 기본 동작	握手的基本动作
• 오른쪽 팔꿈치를 직각으로 굽혀 손을 자기 몸의 중앙이 되게 수평으로 올리며, 네 손가락은 가지런히 펴고 엄지는 벌려서 상대의 오른쪽 손을 살며시 쥐었다가 놓는다.	• 右胳膊自然弯曲呈直角，手自然抬起，在身体的中央位置保持水平。四指并拢，拇指微微张开，轻轻握住对方的右手，然后松开。

- 가볍게 아래 위로 몇 번 흔들어 정을 두텁게 하기도 한다.
- 상대가 아프게 느낄 정도로 힘을 주고 쥐어도 안 되고 지나치게 흔들어 몸이 흔들려도 안 된다.

▶ 악수하는 방법

- 상급자가 먼저 청해야 아랫사람이 악수할 수 있다.
- 남녀간의 악수도 상하의 구별이 있을 때에는 상급자가 먼저 청해야 한다.
- 같은 또래의 남녀간에는 여자가 먼저 청한 후 악수한다.
- 동성간의 악수도 선배 연장자가 먼저 청해야 악수한다.
- 아랫사람은 악수하면서 허리를 약간(15° 이내) 굽혀 경의를 표해도 좋다.
- 악수를 하면서 왼손으로 상대의 손등을 덮어 쥐면 실례이다. 그러나 상급자가 아랫사람에게 그렇게 하는 것은 깊은 정의 표시로 양해된다.

- 轻轻地上下晃动几下，也可以增进感情。
- 握手时，不要过分用力，让对方感到疼痛，也不要使劲晃动直至全身晃动的地步。

▶ 握手的方法

- 上级先提出握手要求时，下级才能握手。
- 男女之间握手同理，上下级之间由上级首先提出握手。
- 同龄人之间，由女方首先提出。
- 同性别之间握手，由年长者先提出。
- 下级在握手时，略微弯腰(15°以内)，以示敬意。
- 握手时，切忌用左手抓住对方的手背。但上级若对下级如此，则是一种爱护的体现。

제10과 신용장

 课 文

词汇

국제 간의 거래에서 신용장은 대금거래의 안정성을 보장하고 계약 당사자 간의 특별 조항들을 명시하여 사전에 분쟁의 소지를 방지한다.

조항(名): 条款
명시하다(他):
　明确记载
사전(名): 事先
분쟁(名): 纠纷
소지(名): 根源
방지하다(他): 防止
발주하다(他): 发货

1. 신용장에는 어떤 조건들이 명시되나요?

대한상사의 안부장은 북경상사에 추가로 제품을 발주한다.

안부장: 강과장님, C-2344원단 5,000m를 발주하고 싶습니다. 단, 제품이 도착할 때까지 제품에 아무런 하자가 없도록 귀사가 모든 책임을 진다는 조건으로요.

하자(名): 瑕疵

책임을 지다(词组):
　负责任

강과장: 예, 알겠습니다. 주문 명세서를 언제쯤 보내 주시겠습니까?

명세서(名): 清单

안부장: 9월말까지 보내죠.

강과장: 신용장은 언제 개설하실 수 있습니까?

안부장: 10월 1일까지 할 수 있습니다.

강과장: 조기 인도를 원하시면 주문 명세서와 신용장을 최대한 빨리 보내 주십시오. 시간이 많질 않거든요.

안부장: 예, 알겠습니다.

강과장: 신용장에는 어떤 조건들이 명시되나요?

안부장: 저희의 주문서를 참조해 주십시오. 거기에 모든 것이 상세히 명시되어 있으니까요.

조기 인도 (名) :	提前装货
주문서 (名) :	订货单
참조하다 (他) :	参考
상세히 (副) :	详细地

2. 지금쯤이면 도착했어야 하는데.

　도착되어야 할 신용장이 아직 도착이 안 되자 북경상사의 강과장은 대한상사의 안부장에게 이 사실을 알린다.

강과장: 안부장님, 9월 30일자 귀사 메일을 보면 귀사께서 C-2344제품에 관한 L/C를 이미 개설했다고 되어 있는데, 저희는 아직 아무런 통지를 못 받았습니다.

안부장: 그래요? 우린 9월 25일에 그 L/C의 개설 신청을 했습니다. 지금쯤이면 도착되었어야 하는데요.

강과장: 알겠습니다. 그러면 통지 은행에

메일 (名) :	电子邮件
통지 (名) :	通知
통지 은행 (名) :	通知行

알아보겠습니다. (잠시후)통지 은행에서도 아직 받지 못했답니다. 어려운 부탁이지만 귀사의 개설 은행에 연락해서 그 문제를 좀 알아봐 주시겠습니까?

알아보다（他）：打听

안부장: 예, 해 보겠습니다.

강과장: 그것이 내일까지 도착하지 않으면, 선적 일자를 맞추는 데 문제가 생기게 됩니다.

일자를 맞추다（词组）： 按期

3.오늘 당장 수정하도록 은행에 연락하겠습니다.

　북경상사에 강과장은 신용장 상에 분할 선적이 금지되어 있는 것을 발견하고 안부장에게 분할 선적 허용으로 신용장 조항을 수정해 줄 것을 요청한다.

분할（名）：分批
금지되다（自）：被禁止
허용（名）：允许
수정하다（他）：修改

강과장: 안부장님, 귀사 신용장 233245번에 대한 수정을 부탁 드리고 싶습니다.

안부장: 어떻게요?

강과장: 계약서에는 분할 선적이 허용되어 있는데 신용장엔 금지하는 걸로 되어 있습니다.

안부장: 아, 그렇다면 저희가 신용장 개설 신청을 할 때 실수를 한 모양입니다.

실수를 하다（词组）： 失误

강과장: 은행에 연락해서 가능한 한 빨리 수정을 하도록 해 주시겠습니까?

안부장: 예, 그렇게 해 드려야지요. 오늘 당장 수정하도록 은행에 연락하겠습니다.

 注 解

01 단, 제품이 도착할 때까지 제품에 아무런 하자가 없도록 귀사가 모든 책임을 진다는 조건으로요.

副词「단」，后面接表示例外或条件的句子，相当于汉语的"但，不过……"。

例子 여기서 야구를 하셔도 좋습니다. 단, 이 글러브를 끼셔야 합니다.

근무 시간은 오후 6시까지로 한다. 단, 토요일은 12시까지로 한다.

02 지금쯤이면 도착했어야 하는데.

惯用型「았/었/였어야 하는데」表示"早应该……""原本应该……""应该已经……"。

例子 그 편지가 이미 도착했어야 하는데, 왜 도착하지 않았을까?

기차가 벌써 도착했어야 하는데, 이미 도착 시간이 2 시간이나 지났다.

03 (잠시후)통지 은행에서도 아직 받지 못했답니다.

格助词「에서」接在表示团体的名词后，表示主语。「ㄴ/는답니다」是「ㄴ/는다고 합니다」的缩写，表示引用，把自己知道的事实向别人进行

叙述。

例子 정부에서 실시한 조사 결과가 발표되었다.

이번 대회는 우리 학교에서 우승을 차지했다.

영수가 떠나겠답니다.

그 여자의 남편이 어제 안 들어왔답니다.

04 그렇다면 저희가 신용장 개설 신청을 할 때 실수를 한 모양입니다.

接续副词「그렇다면」表示条件，表示接受前面的内容，或者以前面的内容为前提，提出新的主张，相当于汉语的"那么"。惯用型「는/ㄴ/은/ㄹ/을 모양이다」表示推测。

例子 그렇다면 역할 분담 문제는 어떻게 처리할까요?

그렇다면 올바른 교육을 위해서 어떻게 해야 하나요?

모임에도 나오지 못한 것을 보니, 영철이가 요즘은 아주 바쁜 모양이다.

날씨가 흐린 것을 보니까 오늘 비가 올 모양이다.

05 은행에 연락해서 가능한 한 빨리 수정을 하도록 해 주시겠습니까?

惯用型「ㄴ/는 한」接在动词词干后，表示条件，相当于汉语的"在……的范围内"。

例子 내 힘이 닿는 한 그를 도와주도록 하겠습니다.

내가 아는 한 그는 그런 짓을 할 사람이 아니다.

 **练 习**

1. 按顺序使用下列给出的单词或短语，完成下列对话。

추가로 발주하다　　주문 명세서　　신용장　　조기인도

A: _____.

B: 예, 알겠습니다. _____.

A: 월말까지 보내 드리겠습니다.

B: _____.

A: 10월 1일까지 할 수 있습니다.

B: _____.

지금쯤이면　　통보　　선적 일짜를 맞추다

A: 안부장님, 신용장을 이미 개설하셨습니까?

B: 네, 우리는 9월 25일에 신용장 개설 신청을 했습니다. _____.

A: 저희는 아직 아무런 통보를 못 받았습니다.

B: 그러면, _____.

A: 예, 해 보겠습니다.

B: _____.

계약서   분할 선적이 허용되다   수정

A: 안 부장님, 신용장에 약간 문제가 생겼습니다.

B: 네?

A: _____.

B: 어떻게요?

A: _____.

B: 그렇다면 저희가 신용장 개설할 때 실수를 한 모양입니다.

A: 그럼, _____.

2. 根据汉语内容，完成下列韩国语句子。

1）但是我们有一个条件，货物抵达之前，出现任何问题，由贵公司全权负责。

　　단, _____ 조건으로요.

2）时间不多了，如果贵公司想早些装货的话，请以最快速度将信用证发给我们。

　　시간이 많지 않으니까 _____.

3）信用证上要标明的条件请参照我们的订单。

　　_____.

4）贵公司的邮件上说信用证已经开好了，可是我们还没有接到通知。

　　_____ 저희는 아직 아무런 통지를 못 받았습니다.

5）现在应该已经到了。

　　_____.

제 10 과   신용장

6) 实在很抱歉，不过请你们和开户行联系一下，问一问好吗?

　　어려운 부탁이지만 _____.

7) 如果明天还不到的话，就会影响装船了。

　　내일까지 도착하지 않으면 _____.

8) 金科长让安部长把信用证的条款改成允许分批装船。

　　김과장은 안부장에게 _____.

9) 请尽快把信用证修改好，用邮件发给我们。

　　신용장을 수정해서 _____.

3. 根据课文内容，回答下列问题。

1) 국제간의 거래에서 신용장의 역할은 무엇입니까?

2) 안부장님은 원단을 발주하는 동시에 어떤 조건을 제시했습니까?

3) 안부장 쪽에서 조기인도를 하려면 어떻게 하라고 합니까?

4) 안부장님은 왜 김과장에게 주문서를 참조하라고 했습니까?

5) 강과장님은 무슨 일때문에 안부장님에게 전화를 했습니까?

6) 신용장이 내일까지 꼭 도착해야 하는 이유가 뭡니까?

7) 김과장은 안부장에게 신용장 조항을 어떻게 수정하라고 했습니까?

8) 안부장님은 신용장을 개설했을 때 어떤 실수를 했습니까?

9) 안부장은 신용장을 수정한 다음에 어떻게 김과장에게 보낼 겁니까?

4. 自由会话

1) 당신이 주문하고 싶은 물품에 관한 신용장을 개설하는 것에 대해서 바이어와 상담하세요.

2) 바이어가 개설해 준 신용장을 보니까 신용장에 기재된 내용이 계약서와 다릅니다. 바이어와 연락해서 수정해 달라고 하세요.

5. 思考后，回答问题。

국제간의 거래에서 제품을 발주하면 어떤 수속들이 필요합니까?

 职场礼节

회의예절	会议礼仪
▶ 회의의 목적을 이해한다.	▶ 理解会议目的。
• 배포된 자료는 사전에 읽어본다.	• 事先阅读分发的材料。
• 의제에 대한 의견·견해를 정리해 둔다.	• 整理对议题的意见或见解。
▶ 개최시간을 엄수한다.	▶ 严格遵守开会时间。
• 일시와 장소를 확인해 둔다.	• 确认开会时间和地点。
• 먼 거리는 교통편을 확인해 둔다.	• 路途遥远时,要确认好交通方式。
▶ 회의 참가자의 시선이 발표자 이외의 곳에 향하지 않도록 한다.	▶ 与会者的视线要时刻跟随发言人,不要看其他的地方。
▶ 허락 받기 전까지는 담배를 피우지 않는다.	▶ 未经允许不得吸烟。
▶ 회의 규칙을 존중한다.	▶ 遵守会议规则。
▶ 감정을 자제해야 한다.	▶ 克制个人情感。
▶ 잡담을 한다거나 자세를 흐뜨러뜨리지 않는다.	▶ 坐姿端正,杜绝闲聊。
▶ 상대방이 말하는 도중에 질문하지 않는다.	▶ 不要在他人发言过程中提问。

제11과 계약

 课　文

词汇

문서화된 계약서는 계약 당사자 간에 구속력을 가진다.

구속력（名）：约束力

1. 계약서를 작성해서 회사 대표님 결재 후에 바로 보내드리겠습니다..

결재（名）：审批

　　대한상사 안부장은 북경상사와 상담 후 결정된 내용에 대해 계약서를 작성하고 있다.

안부장: 이번 제품에 대한 계약서를 작성하려고 합니다. 우선 계약서 내용에 대해 몇 가지를 재확인하겠습니다.

작성하다（他）：
　拟定、撰写

강과장: 알겠습니다. 저희도 계약서를 기다리고 있었습니다.

안부장: 지난 상담 결정대로 제품 주문 수량 10,000미터에 미터당 가격은 9불로

작성하겠습니다.

강과장: 예, 저희로서는 최대한 양보해 드린 가격입니다.

안부장: 납기일은 9월 말까지 부산항 도착입니다.

강과장: 현재로서는 생산기간이 매우 촉박하지만 최대한 납기일을 맞추겠습니다.

안부장: 감사합니다. 그리고 대금결제방식은 신용장 결제로 하겠습니다. 제품포장은 수출 표준포장으로 해 주시고 겉포장에는 카톤 수와 중국재라는 원산지를 표기해 주십시오.

강과장: 알겠습니다. 그렇게 계약서를 작성해서 보내주십시오.

안부장: 예. 계약서를 작성해서 회사 대표님 결재 후에 바로 보내드리겠습니다.

촉박하다 (形) : 紧迫

납기일을 맞추다 (词组) : 按期交货

겉포장 (名) : 外包装
카톤 (名) : 纸箱
중국재 (名) : 中国制造
원산지 (名) : 原产地

2. 계약서를 확인하신 후에 귀하 회사 서명란에 서명된 서류를 다시 메일로 보내주십시오.

서명란 (名) : 签名栏
서명하다 (自) : 签名

계약서를 받은 북경상사에 강과장은 계약서에 몇 가지 추가사항을 명시해 줄 것을 이야기합니다.

추가사항 (名) : 补充事项

명시하다 (他) : 标明

강과장: 보내주신 계약서는 잘 받았습니다. 그런데 몇 가지 사항을 추가로 계약서에

제 11 과 계약

명시했으면 합니다.

안부장: 예, 어떤 내용을 추가할 것인지 이야기해 주십시오.

강과장: 먼저 제품을 분할 선적할 수 있도록 작성해 주십시오.

안부장: 알겠습니다. 그리고 다른 내용이 또 있습니까?

강과장: 예. 한 가지 더 있습니다. 통지은행으로 중국공상 은행 천진지점의 영문주소와 신용장 번호를 계약서에 넣어 주십시오.

안부장: 알겠습니다. 바로 수정해서 보내드리겠습니다. 수정된 계약서를 받으시면 내용을 확인하신 후에 귀하 회사 서명란에 서명한 서류를 다시 메일로 보내 주십시오.

 注 解

01 대한상사 안부장은 북경상사와 상담 후 결정된 내용에 대해 계약서를 작성하고 있다.

依存名词「후」前面可以直接接名词，也可接在动词过去时的定语形后，表示"在……之后"。

例子　내가 십 분 후에 집에 돌아올 거예요.

　　　우리는 비가 그친 후에 집으로 가기로 했다.

02　이번 제품에 대한 계약서를 작성하려고 합니다.

惯用型「(으)려고 하다」接在动词词干后，表示计划。

例子　내일은 일찍 일어나려고 한다.

03　지난 상담 결정대로 제품 주문 수량 10,000미터에 미터당 가격은 9불로 작성하겠습니다.

依存名词「대로」接在名词后，表示"按照……"。

例子　모든 일은 법대로 처리하세요.

　　　설명서대로 해 봤지만 기계가 작동하지 않아요.

04　저희로서는 최대한 양보해 드린 가격입니다.

格助词「(으)로서」接在名词或代词后，表示某种资格、地位或身份，相当于汉语的"作为……"。

例子　교사로서 제가 학생들에게 인생과 사랑을 가르치고 싶습니다.

　　　소비자로서 불편한 점이 있다면 말씀해 주십시오.

05　그리고 대금결재방식은 신용장 결재로 하겠습니다.

句型「(으)로 하겠습니다」表示主语在很多备选项中的选择。

例子　오늘 저녁 식사는 양식으로 하겠습니다.

　　　이 저녁 식사의 결재는 신용 카드로 하겠습니다.

 练 习

1. 按顺序使用下列给出的单词或短语，完成下列对话。

계약서를 작성하다   상담 결정대로   납기일을 맞추다

A: _____우선 계약서 내용에 대해 몇 가지를 재확인하겠습니다.

B: 알겠습니다. 저희도 계약서를 기다리고 있었습니다.

A: _____제품 주문 수량 10,000미터에 미터당 9불로 작성하겠습니다.

B: 납기일은 9월 말까지 부산항 도착입니다.

A: 네, _____.

신용장 결제   원산지를 표시하다   결제 후에

A: _____.

B: 네, 좋습니다.

A: 그리고 제품 포장은 수출 표준 포장으로 해 주시고 _____.

B: 알겠습니다. 그렇게 계약서를 작성해서 보내 주십시오.

A: 네. _____.

추가로   분할 선적   통지은행

A: 계약서는 잘 받았습니다. _____.

B: 어떤 내용을 추가할 것인지 이야기해 주십시오.

A: _____.

B: 알겠습니다. 그리고 다른 내용이 또 있습니까?

A: 그리고 _____.

B: 알겠습니다. 바로 수정해서 보내 드리겠습니다.

2. 根据汉语内容，完成下列韩国语句子。

1）书面合同对于签约的双方来说都具有法律约束力。

_____.

2）但首先就合同内容，有几点还需要核实一下。

_____.

3）就现在来看，生产日期有些紧，不过我们尽最大努力按期交货。

_____.

4）产品包装采用出口标准，包装外面标明箱数和原产地中国。

_____.

5）我把合同写好，等公司代表审批后，马上发给您。

_____.

6）还有几点补充事项，希望能够在合同中明确一下。

_____.

7）首先请注明产品可以分批装船。

_____.

8）请写上中国工商银行天津支行的英文地址和信用证号码。

_____.

9) 收到修改后的合同，请核对好内容，在公司签名栏中签字，然后用邮件发给我们。

　　_____.

3. 根据课文内容，回答下列问题。

1) 대한상사의 안부장은 왜 북경상사의 강과장에게 연락했습니까?

2) 계약서 상의 제품 주문 수량과 단가는 얼마입니까? 그리고 납기일은 언제까지입니까?

3) 계약서 상의 대금 결제 방식은 무엇이며, 제품 포장은 어떻게 하기로 했습니까?

4) 강과장님은 왜 안부장님에게 연락을 했습니까?

5) 강과장님이 계약서 상에 추가로 요구한 사항은 무엇입니까?

6) 안부장은 강과장에게 수정된 계약서를 받은 후에 어떻게 해 달라고 했습니까?

4. 自由会话

1) 상대방 회사와 계약서를 작성하려고 합니다. 계약서 상에는 어떤 내용이 있는지 이야기해 보세요.

2) 바이어가 계약을 하러 왔다고 가정하고 상담을 진행해 보세요.

5. 思考后，回答问题。

거래에서 계약이 구속력을 가지게 하려면 어떻게 해야 합니까?

 职场礼节

전화 받을 때의 예절	接电话礼仪
1) 전화를 벨이 울리자마자 받는 것이 예의이다.	1) 礼节上，电话铃声一响，马上接起电话。
• 세 번 이상 벨소리가 울린 후에 받을 때에는 '늦어서 죄송합니다' 하고 전화를 받는 것이 상대방에 대한 예의이다.	• 出于礼貌，电话铃响3声过后接听电话时要说"对不起，让您久等了"。
• 담당자가 바쁠 경우 옆 사람이 받고, 같은 부서에 걸려온 전화를 받을 사람이 없을 때에	• 接线员公务繁忙时，由旁边的人接听电话；若本部门来电话无人接听，即便自己的位置较

는 자기 자리에서 멀더라도 달려가 받는다.

2) 전화받는 사람의 목소리가 그 회사에 대한 첫인상!

- 수화기를 들면 직장 이름을 밝히고 인사부터 한다. '안녕하십니까. ○○회사 총무부 ○○○입니다'.
- 교환대를 거쳐서 오는 경우에는 '○○과 ○○○입니다' 혹은 직장내 전화일 경우 '○○과입니다' 라고 한다.
- 전화 통화는 항상 존대말을 쓴다.

3) 메모를 위해 펜과 종이를 준비한다.

- 상대방의 신분이나 성명을 확인하고, 수화한 내용이 분명하지 않을 때는 양해의 말을 한 뒤 재확인한다.

4) 전화를 받을 사람이 통화중일 때.

- '지금 통화중이니 잠깐 기다려 주십시오' 등의 이야기로 찾는

远，也应跑过去接听电话。

2) 接听电话人的声音代表公司形象。

- 拿起听筒，首先自报公司名称，问候对方。"您好，我是○○公司○○部的○○○。"
- 若接听转接电话，要说"我是○○科的○○○"，若是本单位内部来电，要说"这里是○○科。"
- 接听电话要使用敬语。

3) 要准备好纸和笔，以备记录。

- 确认对方的身份或姓名，若接听内容不是十分清晰，请求谅解，重新确认。

4) 接听方正在接听其他来电。

- 要说"现在正在接听电话，请稍等"等，告诉来电者现在无

사람이 전화를 받을 형편이 아님을 밝힐 필요가 있다. 또 '○○○의 통화가 길어질 것 같으니 통화가 끝나는 대로 전화를 다시 걸어 드리면 어떨까요?' 하고 예의 바르게 양해를 구한다.

- 급한 용건일 경우 메모를 써 보내어 통화중인 전화를 일시 보류하고 긴급 전화를 받도록 한다.

5) 용건은 간단명료하게 메모한다.

- 메모 준비가 안되어 있으면, '죄송합니다. 메모를 해야겠으니 잠깐 기다려 주십시오'라고 양해를 얻은 다음, 준비가 되면 '네, 말씀하십시오'라 하고 메모한다.

- 메모가 끝나면 받아 적은 쪽에서 '다시 메모한 것을 읽어 볼 테니 확인해 주십시오'라 하고 용건을 바르게 적었는지

法接听电话。或询问对方"通话时间可能会比较长,通话结束后再给您致电如何?"礼貌地请求谅解。

- 若事情紧急,写纸条通知对方暂且放下手中电话,接听此紧急电话。

5) 记录简单明了。

- 若未做好记录准备,告诉对方"对不起,我得记录一下,请稍等",请求谅解,准备完毕后,说"好了,您请讲"。然后开始记录。

- 记录完毕后,向来电者说"我把记录的内容再与您核对一下",重新确认记录内容正确与否。

제 11과 계약

확인한다.

6) 전화를 받을 사람이 자리에 없을 경우

- 'ㅇㅇㅇ는 지금 자리에 없습니다'라고 말한 다음 '용건을 일러주시겠습니까'라든가, '들어오는 대로 전화를 걸도록 하겠습니다' 하고 말하는 것을 잊지 말아야 한다.

- 'ㅇㅇㅇ는 2시경에 돌아오리라 생각됩니다'라고 구체적으로 대답하는 것이 좋다.

- 2시가 넘어도 담당자가 돌아오지 않으면 반드시 상대방에게 늦어진다는 사실을 전화로 알려주는 것이 상대방을 초조하게 하지 않아 회사의 인상도 더 한층 좋아질 것이다.

7) 전화를 끊을 때는 작별 인사를 잊지 말아야 한다.

- 전화의 용건이 끝나면 간단하고 따뜻한 작별 인사를 잊지 말아야

6）对方不在位置上时。

- 要对对方说"○○○现在不在座位上"，要么说"有什么事可以告诉我吗"，要么说"他一回来，我让他给您回电话"。

- 最好给予明确回答，如，"○○○大概两点回家"。

- 若对方到时间还未返回，为了不让对方等待过久，并为维护公司形象，最好打电话告知。

7）挂断电话前不要忘记说再见。

- 通话结束时，不要忘记做一个简短的道别。虽然电话是为了

한다. 전화가 용무를 위한 기계라고 하지만 인사도 없이 끊어 버리는 행위는 예의 없는 몰상식한 행동이다. '실례했습니다' 또는 '그럼 안녕히 계십시오' 하는 인사말 정도는 하고 나서 끊도록 해야 한다.

8) 수화기를 들기 전에 심호흡하듯 자세를 바르게 잡는다.

- 상대를 기다리게 할 때는 '죄송합니다만 잠시만 기다려 주십시오'라고 정중하게 양해를 구한다.

- 전화 대화 중에 다른 사람과 상의 할 일이 있으면 양해를 구하고, 이 쪽의 대화가 들리지 않도록 수화기를 막는다.

- 전화가 잘못 걸려 오면 '잘못 걸었습니다. 여기는 ○○○국의 ○○○○번입니다' 등으로 수신자 쪽을 밝히는 것이 좋다.

传达事情的工具，但一声不吭直接挂断电话，也是没有礼貌的表现。最好先说"我先挂了"或者"再见"后，再挂断电话。

8) 拿起话筒前，先做深呼吸，调整好情绪。

- 如果会让对方久等，要说"对不起，请稍等"，郑重请求对方的谅解。

- 接电话的过程中，有事要和别人商议，要请求对方的谅解，然后用手捂住话筒，不要让对方听到谈话的内容。

- 出现误打电话的情况时，明确告诉对方"您打错了，这里是○○○"。

제12과 생산

课 文

词汇

1. 일이 요즘처럼만 되어 간다면

대한상사의 안부장은 겨울 시즌을 겨냥하여 주문에 놓은 제품이 납기에 차질이 없기를 바라며 다시 한번 확인해 본다.

시즌(名): 时节
겨냥하다(他): 瞄准

안부장: 강과장님, 저희는 겨울 시즌을 대비하여 그 제품에 기대를 걸고 있습니다. 언제쯤 완료될 것 같습니까?

강과장: 글쎄요, 일이 요즘처럼만 되어가면, 늦어도 11월까지는 완료될 것입니다.

안부장: 아니오, 그러면 안 됩니다. 아무리 늦어도 10월까지는 다 되어야 합니다.

강과장: 그건 좀 무리겠는데요.

안부장: 그러면 강과장님께서 서둘러주셔야지요.

강과장: 예, 그러면 서둘러 삼안 방직과 연락하겠

차질이 없다(词组):
  毫无任何闪失
대비하다(他):
  未雨绸缪
기대를 걸다(词组):
  满怀期待

습니다. 꼭 된다고 장담은 못하지만, 최선을 다해보겠습니다.

2. 죄송하지만 귀사의 주문을 받을 수가 없습니다.

주문이란 항상 일정하게 있는 것이 아니고 때로는 폭주하는 경우도 많다. 이때는 납기일을 지킬 수가 없기 때문에 거절할 도리밖에 없다. 이에 대해 북경상사 강과장은

강과장: 김경리, C-2344제품 5,000m를 지금 당장 주문하고 싶습니다.

김경리: 죄송하지만 귀사의 주문을 받아들일 수가 없습니다. 현재 저희 공장이 이미 다른 주문들로 너무 바빠 조금도 여유가 없습니다.

강과장: 이거, 큰일인데요. 얼마나 기다리면 저희 주문을 진행시켜 주실 수 있겠습니까?

김경리: 글쎄요, 잘 모르겠는데요.

강과장: 오, 맙소사! 귀사가 추천할 만한 다른 회사가 없을까요? 품질의 수준이 귀사 정도 되는 회사로요.

김경리: 그럼 부원방직에 한번 연락해서 그 회사

일정하다 (形) : 固定的
때로 (副) : 有时候
폭주하다 (自) : 集中

지키다 (他) : 遵守

여유가 없다 (词组) :
　没有余地

맙소사 (惯用语) : 糟糕
추천하다 (他) : 推荐
수준 (名) : 水平

사정이 어떤지 알아보시지요. 전화번호와 팩스번호를 알려 드릴 테니까요.

3. 그 공장 혼자서는 그 일을 다 감당해낼 수가 없습니다.

감당하다 (他) : 承担

강과장은 이번 주문의 생산을 삼안 방직에 맡겼지만 그 공장 혼자서는 기일 내에 작업을 다 마칠 수가 없게 되자 급히 서둘러 소개 받은 회사로 연락한다.

기일 (名) : 时日
마치다 (他) : 完成

강과장: 왕경리, 우린 이미 이 작업을 계약에 따라 삼안방직에 할당했습니다만, 그 공장만 가지고는 그 일을 다 해낼 수가 없습니다. 귀사가 하도급을 맡아주실 의향은 없으신가요?

할당하다 (他) : 分派
하도급 (名) : 转包
의향 (名) : 意向

왕경리: 그럼요, 저희도 하도급 일을 받습니다.

강과장: 좋습니다, 귀사는 믿을 수 있고 일도 잘한다는 것을 알고 있습니다.

왕경리: 감사합니다. 그러나 삼안방직과 그런 세부 사항을 먼저 해결해야지요?

해결하다 (他) : 解决

강과장: 그건 제게 맡기세요.

왕경리: 좋습니다. 그러면 그것은 과장님께 맡기겠습니다.

4. 즉시 그 일에 착수하겠습니다.

착수하다 (自) : 着手

　강과장은 대한상사의 안부장에게 전화를 걸어 주문량의 폭주로 인해 주문품 생산을 하도급 진행하는 것과 생산납기 연장에 관해 양해해줄 것을 이야기한다.

양해하다 (他) : 谅解

강과장: 안부장님, 삼안방직에서는 이미 계약된 주문량이 너무 많아서 제날짜에 제품을 완성하기가 어렵게 되었습니다. 그래서 불가피하게 다른 공장으로 생산을 의뢰하여야 할 것 같습니다.

완성하다 (他) : 完成
불가피하다 (形) :
　不可避免的

안부장: 그렇습니까? 제품 품질에 이상이 없다고 판단되시면 강과장님께서 알아서 진행시켜 주십시오.

판단되다 (自) : 判断

강과장: 알겠습니다. 그리고 아무래도 10월까지는 제품 납기가 어려울 것 같습니다. 시간을 조금 더 주시겠습니까?

안부장: 불가능합니다. 과장님의 고충은 충분히 알겠습니다만, 이번 납기에 대해 저 역시 많은 압력을 받고 있습니다.

고충 (名) : 苦衷

압력을 받다 (词组) :
　有压力

강과장: 저, 최선을 다하겠습니다.

안부장: 최선을 다하는 것으로는 충분치 않습니다. 10월 30까지 되지 않으면 거래는 끝장입니다.

강과장: 예, 알겠습니다. 즉시 그 일에 착수하겠습니다.

注 解

01 저희는 겨울 시즌을 대비하여 그 제품에 기대를 걸고 있습니다.

惯用型「를/을 대비하다」，表示对以后说不定会出现的困难情况事先做好准备，未雨绸缪。

例子 갑자기 어려운 일을 당했을 때를 대비하여 저축을 해 두어야 한다.

취직 시험을 대비하여 도서관에 공부를 하러 다닌다.

02 주문이란 항상 일정하게 있는 것이 아니고 때로는 폭주하는 경우도 많다.

助词「란/이란」接在名词后，表示对于一般性的原则、道理或现象进行说明。名词「경우」，表示所处的情况或境遇。

例子 사람이란 위급할 땐 다 그렇게 생각하는 법이니, 너무 서운해 말거라.

아무리 위급한 경우를 당하더라도, 정신만 잘 차리면 위기를 모면할 수 있다.

03 이때는 납기일을 지킬 수가 없기 때문에 거절할 도리밖에 없다.

名词「도리」表示做某种事情的方法或途径，「ㄹ/을 도리밖에 없다」和「ㄹ/을 수밖에 없다」的用法及意义相同，相当于汉语的"只好，不得不……"。

例子　그런 사항에서는 자리를 피할 도리밖에 없다.

어떻게 할 도리가 없다.

04　귀사가 추천할 만한 다른 회사가 없을까요?

惯用型「ㄹ/을 만하다」表示做前面一事具有妥当的理由，或者有某种价值，相当于汉语的"值得"。

例子　만리장성은 세계에서 손꼽힐 만한 문화재이다.

1년 동안 괄목할 만한 성장을 이루었다.

05　우린 이미 이 작업을 계약에 따라 삼안방직에 할당했습니다만, 그 공장만 가지고는 그 일을 다 해낼 수가 없습니다.

惯用型「에 따라」相当于汉语的"根据"。动词「가지다」常常使用「를/을 가지다」的形式，表示工具、途径、材料，「만」是助词，惯用型「만 가지다」相当于汉语的"仅仅凭借……"。

例子　유통업체에 따라 가격이 최고 4배 차이가 난다.

철에 따라 사는 곳을 옮기는 철새도 있습니다.

한가지 일을 가지고 오래 끌지 마.

06　강과장은 대한상사의 안부장에게 전화를 걸어 주문량의 폭주로 인해 주문품 생산을 하도급 진행하는 것과 생산납기 연장에 관해 양해해 줄 것을 이야기한다.

惯用型「(으)로 인해」常常使用「(으)로 인하여/(으)로 인한」的形式，相当于汉语的"由于"。

例子 이 지역은 홍수로 인해 재난이 많습니다.

부주의로 인한 사고가 종종 일어납니다.

07 제품 품질에 이상이 없다고 판단되시면 강과장님께서 알아서 진행시켜 주십시오.

惯用语「알아서」相当于汉语的"看着办"。

例子 네가 알아서 처리해라.

상사는 부하에게 적당히 알아서 하라고 곧잘 말한다.

네 몸은 네가 알아서 챙겨.

 练 习

1. 按顺序使用下列给出的单词或短语,完成下列对话。

> 아무리 늦어도   무리가 따르다   장담

A: 김과장님, 우리 회사가 주문에 놓은 제품이 언제쯤 완료될 것 같습니까?

B: _____.

A: 안 됩니다. 늦어도 10월까지는 되어야 합니다.

B: _____.

A: 그래서 강과장님께서 좀 서둘러 주십시오.

B: _____ 최선을 다 해 보겠습니다.

> 받아들이다   여유   전화번호와 팩스번호

A: 김경리, 저희는 5000미터를 당장 주문하고 싶습니다.

B: 죄송합니다. _____.

A: 왜요?

B: _____.

A: 그래요? 귀사가 추천할 만한 다른 회사가 없습니까?

B: 부원방직에 한번 연락해 보세요. _____.

> 하도급   믿을 수 있다   맡기다

A: 왕경리님, 우리는 이 작업을 삼안방직에 할당했습니다만, 거기는 그 일을 다 해낼 수가 없습니다. _____.

B: 네, 좋습니다.

A: _____.

B: 감사합니다. 그러나, 삼안방직과 세부사항을 해결하여야 합니까?

A: 걱정하지 마시고, _____.

> 불가피하다   이상이 없다   알아서

A: 안부장님, 삼안방직에서는 주문량이 너무 많아서 제품을 다 해낼 수가 없습니다. _____.

B: 그렇습니까? _____?

A: 네, 거기는 믿을 수 있습니다.

B: _____.

A: 네, 알겠습니다.

제 날짜에   끝장   착수하다

A: 안부장님, _____시간을 좀 주시겠습니까?

B: 아니오, 불가능합니다. 저 역시 이 번 납기에 대해 많은 압력을 받고 있습니다.

A: 그럼, 최선을 다하겠습니다.

B: _____.

A: 예, 알겠습니다. _____.

2. 根据汉语内容，完成下列韩国语句子。

1) 希望我们这次订的冬季货在交期上不要出现任何问题。

   _____.

2) 我们对这批货抱有很大期待。

   이 제품에 _____.

3) 事情只要像现在这么进展的话，最晚下周可以完成。

   _____늦어도 다음 주말까지는 완료될 겁니다.

4) 那么抓紧时间吧。

   그러면 _____.

5) 虽然我不能保证一定能行，但是我会尽最大的努力。

   _____최선을 다 해 보겠습니다.

제 12 과 생산

6) 因为无法遵守交期，所以只好拒绝这批订单。

　　_____.

7) 现在我们工厂正忙于做其他的订单，一点儿空闲都没有。

　　우리 공장은 _____.

8) 大概等多长时间才行呢?

　　_____.

9) 能不能给我们介绍一个质量水平和你们差不多的公司?

　　_____ 추천해 주시겠습니까?

10) 光这一个公司，做不完所有的活儿。

　　_____.

11) 那么就交给三安纺织了。

　　그러면 _____.

12) 商谈订单转产和延长交货日期。

　　_____ 이야기한다.

13) 我们工厂很难按时完成这批货。

　　우리 공장에서 _____.

14) 如果您觉得产品质量没有问题，那就看着处理吧。

　　_____.

15) 我很理解您的苦衷。

　　_____.

16) 光尽最大的努力怎么行呢。

　　_____.

17) 请马上着手办这件事。

　　_____.

3. 根据课文内容回答下列问题。

1) 안부장님이 이번에 주문에 놓은 제품은 어느 시즌의 제품입니까?

2) 안부장님은 언제까지 제품을 완성하라고 했습니까?

3) 주문이 항상 일정한 것입니까?

4) 김경리는 왜 강과장님의 주문을 받아들일 수가 없습니까?

5) 김경리 공장에서 일을 못하기 때문에 이번 주문을 취소하기로 했습니까?

6) 강과장님은 왜 부원방직에 연락했습니까?

7) 강과장님이 생산을 다른 공장으로 의뢰하는 것에 안부장님은 동의합니까?

8) 안부장님은 언제까지 납품하라고 했습니까?

4. 自由会话

1) 바이어와 주문 상품의 납기에 대해서 이야기를 나눠 보세요.

2) 바이어가 주문을 하려고 하는데, 지금 공장 작업이 너무 바빠서 여유가 없습니다. 바이어와 대화를 나누세요.

3) 주문 받은 제품을 하도급 진행하는 것에 관해서 바이어와 상의해 보세요.

5. 思考后，回答问题

생산 납기 연장에 대해서 어떻게 생각합니까? 당신이 바이어라면 이것을 어떻게 받아들이고 어떻게 처리할 겁니까?

 职场礼节

전화 걸때의 예절	拨打电话礼节
1) 자기의 소속과 이름을 먼저 밝힌다.	1) 首先自报家名。
• '○○회사 총무과 ○○○입니다', '죄송합니다만 김 계장님 계시면 부탁드립니다' 하면 된다.	• "我是○○公司○○科的○○○"，"对不起，请转○○○"。
• 찾는 사람이 없는 때에는 전화 받는 사람에게 '바쁘신데 대단히 죄송합니다 ○○회사 총무과 ○○○가 어떠한 일로	• 如果您要找的人不在，那么可以拜托对方转达，"对不起，打扰了，麻烦请转告，○○公司○○科的○○○，因为○○

전화했었다고 전해주시면 고맙겠습니다. 수고하십시오'라고 정중하게 부탁하도록 한다.

2) 용건의 명제를 먼저 상대방에게 알린다.

- 용건의 명제를 먼저 말하면 상대방이 용건을 빨리 이해할 수 있다. '오늘 모임에 대한 일입니다만' 또는 '○○회사와의 상담에 대해 말씀드리고 싶습니다' 등 간결하고 요령있게 한다.

3) 전화가 잘 안 들리는 때에는 서슴치 말고 그 사정을 알린다.

- 상대방의 소리가 적거나 잡음이 나서 잘 안 들릴 때가 있다. 이럴 때에는 서슴치 말고 미안하다는 인사말과 함께 '전화가 잘 안 들립니다만...' 하고 상대방에게 말하는 것이 바람직하다.

4) 업무 전화를 건 쪽에서 먼저 끊는다.

事情打过电话,谢谢。"但语气要郑重。

2)简单明了陈述打电话的意图。

- 有时,一句话就可以让对方迅速了解去电意图。例如:"关于聚会一事"或者"关于与○○公司的谈判"等。

3)信号不好时,要以实情相告。

- 打电话时,常常会因信号不好而听不清。这时,最好直接告诉对方"电话听不清"。

4)来电方先挂断电话。

- 용건을 들을 사람 쪽이 먼저 끊으면 상대가 용건을 모두말하기 전에 통화가 끝날 염려가 있기 때문이다. 그러나 전화를 걸었을 때, 상대방이 아주 웃사람이거나 경의를 표해야 할 사람일 때에는 상대방이 끊은 것을 확인하고 수화기를 놓는 것이 역시 예의에 맞는 방법이다.

5) 전화번호는 일람표를 만들어 둔다.
- 자주 쓰는 전화번호는 외워두고 그밖에는 일람표를 만들어 두는 것이 여러 모로 편리하고 유익하다.

- 如果接电话方先挂断电话, 有可能来电方的通话内容还未结束, 因此最好等来电方先挂断电话。如果接电话的一方是长辈或上级, 打电话方出于礼节, 最好确定对方挂断电话后再放下听筒。

5) 最好建立电话记录簿。
- 熟记经常使用的电话号码, 其余的电话号码, 方便起见最好建立电话记录簿。

제13과 검품 및 공장 방문

  课　文

词汇

1. 시간이 충분하실 겁니다.

　　대한상사의 안부장은 북경에 있는 공장으로 제품 검품을 하러 갈 예정이다. 이에 북경상사의 강과장은 공항에서 공장까지 타고 갈 차를 수배한 후 다음과 같이 알려준다.

검품 (名) : 验货

강과장: 언제 북경으로 떠나십니까?

안부장: 모레, 금요일에요, 서울에서의 볼일이 그때면 다 끝날 테니까요.

모레 (名) : 后天
볼일 (名) : 要办的事

강과장: 좋습니다. 그러면 제가 공항에서 공장까지 모셔다 드릴 차를 준비해 놓겠습니다.

안부장: 감사합니다. 제가 탈 비행기는 12시에 떠납니다.

강과장: 좋아요, 그러면 1시까지 공항으로 기사를 보내겠습니다.

기사 (名) : 司机
보내다 (他) : 派遣

안부장: 좋습니다. 감사합니다, 강과장님.

2. 정말 편하게 잘 타고 왔습니다.

	편하게(副): 舒舒服服

　대한상사의 안부장과 북경상사의 강과장은 승용차를 타고 공장을 향해 달리고 있다. 공장이 가까워지자,

승용차(名): 轿车
향하다(他): 朝向
달리다(自): 奔驰, 飞驰

안부장: 저기 굴뚝이 있는 곳이 공장입니까?
강과장: 예, 저기 저 교차로에서 왼쪽으로 돌면 바로 회사 정문이 나올 것입니다.
안부장: 정말 편하게 왔습니다. 그렇죠?
강과장: 예, 그건 전부 이 차 덕분이죠. 만일 조그만 차로 그렇게 울퉁불퉁한 길을 왔다면, 너무 피곤하고 아파서 검품할 마음도 나지 않을 겁니다.

굴뚝(名): 烟囱
교차로(名): 交叉路
돌다(自): 转
정문(名): 正门
전부(名): 全部
만일(副): 如果
조그맣다(形): 小小的
울퉁불퉁하다(形): 坑坑洼洼的

안부장: 어디서부터 시작할까요?
강과장: 오늘 공장 안내는 손 선생님이 해 주실 겁니다.
안부장: 손 선생님이라뇨? 제가 전에 만나뵌 적이 있던가요?
강과장: 아뇨, 그분은 공장장이십니다. 그분이 틀림없이 잘 안내해 주시겠지요.

공장장(名): 厂长

안부장: 얼른 그분을 만나뵙고 싶군요.

얼른(副): 马上

3. 선적하기 전에 최종 검품을 누가 할 거지요?

강과장은 안부장에게 검품은 누가 할 것인가를 묻는다.

강과장: 안부장님, 선적하기 전에 최종 검품을 누가 할 거지요?

안부장: 박차장이 할 겁니다. 생산이 거의 완료됐다는 소식을 듣는 대로 곧 이리로 올 겁니다.

강과장: 선적 서류를 다 갖추려면 검품 보고서도 있어야 하는 걸로 알고 있는데요. 맞습니까?

안부장: 물론이지요. 그 점은 이미 신용장에 명시되어 있습니다.

강과장: 박차장님은 너무 까다로우세요. 아주 작은 결함만 있어도 불량품으로 규정하신다니까요.

안부장: 그렇게 까다로우신 것도 아니지요. 작업지시서대로만 만드시면 문제는 전혀 없게 될 겁니다.

갖추다 (他) : 具备
보고서 (名) : 报告

까다롭다 (形) : 挑剔
결함 (名) : 缺陷
불량품 (名) : 次品
규정하다 (他) : 规定
작업지시서 (名) :
　生产指示书
전혀 (副) : 完全

 注　解

01 이에 북경상사의 강과장은 공항에서 공장까지 타고 갈 차를 수배한 후 다음과 같이 알려 준다.

副词「이에」和「그래서/이리하여서 곧」意思相同，相当于汉语的"为此"。

例子　우수한 성적을 올렸으므로 이에 상장을 수여함.

조선 말기 열강의 이권 침탈이 심해지자 이에 뜻이 있는 사람들이 모여 자주 독립 운동을 펼쳐 나갔다.

02 그러면 제가 공항에서 공장까지 모셔다 드릴 차를 준비해 놓겠습니다.

「드리다」是「주다」的尊敬形式，接在动词词干后接「아다/어다(가)」的形式后面，表示为了别人做什么事情，常用形式有「바래다 주다/모셔다 주다/태워다 주다/갖다 주다」。

例子　그는 자신의 차로 나를 신사역까지 바래다 주었다.

우리 어머니를 모셔다 주세요.

환자니까 좀 태워다 주세요.

03 대한상사의 안부장과 북경상사의 강과장은 승용차를 타고 공장을 향해 달리고 있다.

惯用型「을/를 향해」，表示朝着哪个方向或目标前进。

例子　승객들은 잽싸게 빈 택시를 향해 달려가고 있다.

박태영은 친구들의 전송을 받고 일본을 향해 떠났다.

04 손 선생님이라뇨?

连接语尾「라니/이라니」指对所听到的事实表示理解接受的同时，又发出惊讶、感叹或愤慨的情绪，相对于汉语的"竟然"。

例子 저런 인물이 우리의 대표자라니!

자네가 벌써 20살이라니!

05 제가 전에 만나뵌 적이 있던가요?

「던가」是终结语尾，连接语尾「더」表示对过去亲身经历过或听到的事实进行回想。终结语尾「ㄴ/은/는/인가」表示疑问，「던가」表示提问让对方回想过去的经历。

例子 그 날 밤, 제가 술에 취했던가요?

자네, 향산에는 온 적이 없던가?

06 생산이 거의 완료됐다는 소식을 듣는 대로 곧 이리로 올 겁니다.

「는 대로」接在动词词干后，表示马上，相当于汉语的"一……马上……"。

例子 난 학교가 끝나는 대로 독서실을 찾는다.

모든 상황은 미국에 도착하는 대로 이메일로 보고 드리겠습니다.

07 아주 작은 결함만 있어도 불량품으로 규정하신다니까요.

终结语尾「ㄴ/는다니까」，表示听者对于先前说过的内容没有反应，或者有些怀疑，说话人对此进行再次确认，相当于汉语的"我不是说……了嘛！"

例子 저 사람은 술만 마시면 저렇다니까.

 练 习

1. 按顺序使用下列给出的单词或短语，完成下列对话。

볼일   차를 준비하다   기사를 보내다

A: 강과장님, _____.

B: 언제쯤 오실 겁니까?

A: 모레 금요일에 떠납니다.

B: 네, 알겠습니다. _____ 몇 시에 도착할 겁니까?

A: _____.

B: 네, 알겠습니다.

왼쪽으로 돌다   만나뵙다   공장 안내

A: 다 왔습니까?

B: _____.

A: 정말 편하게 왔습니다. 어디서부터 시작할까요?

B: _____.

A: 손선생님이라뇨?

B: _____.

A: 그래요? 얼른 만나뵙고 싶군요.

최종 검품   생산이 완료되다   작업지시서

A: _____.

B: 박차장이 할 겁니다.

A: 박차장이 언제 이쪽으로 오실 겁니까?

B: _____.

A: 박차장은 까다롭지 않으세요?

B: 그렇지 않습니다. _____.

2. 根据汉语内容，完成下列韩国语句子。

1）从机场到工厂的车已经配好了。

_____.

2）我在北京要办的事情到那个时候差不多能办完。

_____.

3）姜科长坐车朝工厂的方向去了。

강과장님은 _____.

4）从那个十字路口向右转就是我们工厂的正门了。

_____바로 공장 정문이 나옵니다.

5）太累了，根本没有心情验货。

_____.

6）如果坐小车走这种凹凸不平的路，可能特别累。

_____많이 피곤할 겁니다.

7）我一听到消息就马上到这儿来了。

_____.

8) 这一点我们在信用证上已经写得很清楚了。

　　이 점은 _____.

9) 就算有一点小毛病也给打成次品。

　　_____.

3. 根据课文内容，回答下列问题。

1) 안부장님은 무슨 일때문에 북경에 갑니까?

2) 안부장님은 언제 북경에 도착합니까?

3) 안부장님은 공장에 도착해서 왜 손선생님을 만납니까?

4) 누가 최종 검품을 맡았습니까?

5) 듣기로는 박차장님은 어떤 사람이에요?

6) 선적서류를 갖추려면 무엇이 있어야 돼요?

7) 검품에 합격하려면 어떻게 해야 합니까?

4. 自由会话

1) 다음 주에 바이어가 오기로 되어 있습니다. 시간과 차편에 대해서 이야기를 나누세요.

2) 당신이 공항으로 바이어를 마중 나갔습니다. 대화를 나누고 회사로 안내해 보세요.

5. 思考后，回答问题。

1) 상대방 회사의 검사원이 아주 까다롭지만, 당신이 책임을 진 이번 제품을 순조롭게 검품에 통과시켰습니다. 당신의 비결을 이야기해 보세요.

2) 당신 회사에 검품하러 올 바이어를 어떻게 접대하려고 합니까?

 职场礼节

명함 주고받기	交换名片
• 자기를 먼저 소개하는 사람이 자기의 명함을 두 손으로 명함의 위쪽을 잡고 정중하게 건넨다. • 명함을 받는 사람은 두 손으로 명함의 아래쪽을 잡아서 받는다.	• 先自我介绍的一方双手持名片顶端，郑重递给对方。 • 接受名片的一方双手拿住名片底端接过名片。

- 한쪽 손으로는 자기의 명함을 주면서 한쪽 손으로는 상대의 명함을 받는 동시 교환은 부득이한 경우가 아니면 실례이다.
- 상대에게 받은 명함은 공손히 받쳐 들고 상세히 살핀 다음 정중하게 간수한다.
- 상대방으로부터 받은 명함을 접거나 구겨가며 대화를 나누거나 상대방이 보는 앞에서 명함에 낙서나 메모를 하면 안 된다.
- 명함을 받은 뒤 곧바로 셔츠의 윗주머니에 꽂거나 지갑에 넣으면 안 된다.

- 非不得已的情况下，不要一只手递名片，另一只手接名片。
- 从对方手中接过名片，要仔细阅读后再收好。
- 接过名片后，不得折叠，不得在对方面前在名片上乱写乱画。
- 接过名片，若马上放进衬衫口袋或钱包里，也有失礼节。

제14과   선적

课 文

1. 두 차례로 나누어 선적해야겠어요.

북경상사는 대한상사의 주문품을 한꺼번에 다 선적해 줄 수가 없게 되자 이런 사정을 안부장에게 알린다.

강과장: 안부장님, 죄송합니다만, 귀사의 주문을 한꺼번에 다 선적할 수는 없을 것 같습니다. 두 차례로 나누어 선적해야겠어요.

안부장: 저런, 물건이 10월 30일까지 다 도착하지 못한다면, 그건 좀 곤란한데요.

강과장: 주문한 것이 10월 30일까지 전부 필요하십니까?

안부장: 아, 그렇진 않아요. 말씀하시니까 생각이 나는데요. 일부 품목은 나중에 도착해도 될 것 같군요.

词汇

차례(名): 次

한꺼번에(副): 一次性
사정(名): 情况

저런(感): 竟有这种事!
곤란하다(形): 为难

강과장: 저, 그렇다면 귀사께서 10월 30일까지 필요하신 품목들은 1차 선적시에 보내 드리고 나머지는 2차 선적때 보내 드리면 어떨까요?

안부장: 좋습니다.

나머지 (名) : 剩余

2. 저희가 부족하게 선적을 했다고요?

부족하다 (形) : 不够

북경상사의 강과장은 서울로부터 자신들이 선적한 물건이 부족하게 도착되었다는 연락을 받는다.

강과장: 아, 안부장님, 물건이 모자라다고 하셨습니까?

모자라다 (自) : 不够
정확히 (副) : 准确地

안부장: 그래요, 정확히 200m입니다.

강과장: 맙소사! 그렇게나 많습니까? 어떻게 된 거죠?

안부장: 글쎄요, 저도 모르겠습니다. 즉시 이 일을 해결해 주셔야겠습니다. 저희 사장님이 노발대발하고 계십니다.

노발대발하다 (自) :
  大发雷霆

강과장: 알겠습니다. 내일 아침 제일 먼저 그 일을 확인해 보겠습니다.

안부장: 가능하다면 오늘밤 하셔서 내일 아침에 그 결과를 저에게 알려주십시오.

가능하다 (形) : 可能
결과 (名) : 结果

3. 이번에 선적한 제품의 품질은 어떻던가요?

　선적한 물품 중에서 일부가 엉뚱하게 다른 콘테이너에 실린 것이 확인되어 즉시로 대한상사에 알린 강과장은 제품 상태에 대해 묻는다.

실리다 (自) : 被运载

강과장: 안부장님, 이번에 선적한 제품의 품질은 어떻던가요?
안부장: 대체적으로 괜찮았습니다. 그러나 몇 제품에는 심한 하자가 있었습니다.

대체적으로 (副) :
　大体上
심하다 (形) : 严重

강과장: 저런, 그렇다니 죄송하군요. 앞으로는 제품과 서비스 모두 틀림없이 해 드릴 것을 약속 드립니다.
안부장: 꼭 그렇게 해 주시기 바랍니다. 그리고 분명히 밝혀 두지만, 만일 하자가 발생한다면 귀사에서는 그에 대한 책임을 지셔야 합니다.

밝히다 (他) :
　声明 ; 阐明
발생하다 (自) : 发生

강과장: 제 말을 믿으세요. 앞으로는 모든 것이 다 잘 될 테니까요.
안부장: 잘 되어야 합니다. 그렇지 않으면 제가 사장님께 그에 대한 책임을 져야 할 테니까요.

注 解

01 두 차례로 나누어 선적해야겠어요.

惯用型「로/으로 나누다」，相当于汉语的"分成……"。

例子 모두 다섯 팀으로 나누어서 경기를 친다.

세 차례로 나누어 시험을 치른다.

02 말씀하시니까 생각이 나는데요

连接语尾「(으)니까」表示发现另外一个事实。

例子 물 속에 손을 넣어 보니까 너무나 차가워서 들어갈 수가 있어야지.

자세히 보니까 너 잘 생겼구나.

03 저희가 부족하게 선적을 했다고요?

「(ㄴ/는)다고」作为终结语尾使用，表示对前人所说话语，表示惊讶、不可相信，因而发出疑问，相当于汉语的"你说什么？"

例子 영호도 결혼했다고?

내일 비가 온다고?

04 물건이 모자라다고 하셨습니까?

终结语尾「(ㄴ/는)다고 하다」，表示把叙述的内容进行间接转述。

例子 네 형 언제 가겠다고 하니?

동생이 자기도 같이 가겠다고 한다.

05 그렇게나 많습니까?

助词「(으)나」，接在表示程度或数量的体言或副词后，指对数量之多、程度之深表示强调，常常伴随感叹的语气，相当于汉语的"竟然"。

例子　식구가 그렇게나 많아요?

어떻게 계란을 한꺼번에 5개나 먹었니?

06 그렇다니 죄송하군요.

连接语尾「다니」，是「(ㄴ/는)다고 하니(까)」的缩写，表示原因或理由。

例子　채 선생이 남으시겠다니 나도 남겠습니다.

그 사람이 나에게 할 말이 있다니 꼭 만나봐야겠다.

　练　习

1. 按顺序使用下列给出的单词或短语，完成下列对话。

두 차례　　1 차　　나머지

A: 강과장님, 우리가 주문한 제품은 제때 선적할 수 있습니까?

B: 죄송합니다. _____.

A: 그렇다면 언제 선적해 주실 수 있습니까?

B: _____.

A: 좋습니다. _____.

모자라다   노발대발   결과를 알려주다

A: 강과장님, 어떻게 된 거죠? _____.

B: 네? 얼마나 모자랍니까?

A: 200m입니다. _____.

B: 네, 알겠습니다. 즉시 그 일을 해결해 드리겠습니다.

A: _____.

하자가 있다   책임을 지다   약속 드리다

A: 강과장님, _____.

B: 그렇다니 죄송하군요. 앞으로는 제품과 서비스 모두 틀림없이 해 드리겠습니다.

A: 꼭 그렇게 해 주시기 바랍니다.

B: 제 말을 믿으세요.

A: _____.

B: 네, 알겠습니다. _____.

2. 根据汉语内容，完成下列韩国语句子。

1) 实在抱歉，贵公司订的货物不能一次性装船。

죄송합니다만, _____.

2）那批货如果月底不到货的话，就麻烦了。

　　_____.

3）您一说，我想起来了。

　　_____.

4）一部分货物第一批装船时发货。

　　_____.

5）部长大发雷霆。

　　부장님이 _____.

6）最好是今晚确认这件事，明天早晨把结果告诉我。

　　좋기로는 _____.

7）这次装船的货物质量大体上还算不错。

　　_____.

8）我声明一点，假如出现次品，由姜科长全权负责。

　　분명히 밝혀 두지만 _____.

3. 根据课文内容，回答下列问题。

1）강과장님은 안부장님에게 무엇을 알려주었습니까?

2）대한상사에서는 10월 30일까지 모든 물건이 전부 필요합니까?

3）강과장님은 어떻게 선적하기로 했습니까?

4）안부장님은 무슨 일로 강과장에게 연락을 주었습니까?

제 14 과　선적

5）대한상사의 사장님이 이 사실을 알고 기분이 어떻습니까?

6）안부장님은 결과를 언제 알려 달라고 했습니까?

7）선적한 물건의 품질은 어떻습니까?

8）강과장님은 안부장님에게 어떤 약속을 했습니까?

9）다음에 또 하자가 발생한다면 어떻게 처리할 겁니까?

4. 自由会话

1）당신 회사에서 이번에 생산한 제품을 한꺼번에 선적할 수 없게 되었습니다. 바이어에게 양해를 구해보세요.

2）당신 회사의 실수때문에 선적한 물품에 문제가 생겼습니다. 바이어에게 어떻게 이야기하겠습니까?

5. 思考后，回答问题。

1）선적한 제품의 품질에 문제가 생겼다면 그 것이 어느 쪽의 책임이라고 생각합니까?

2）바이어에게서 선적한 물건이 부족하다는 연락을 받으면 당신은 어떻게 처리할 겁니까?

 职场礼节

사내 매너 기본 7 조항	公司内基本礼仪
• 업무 시작 5분 전에는 자리에 있을 것	• 提前5分钟上岗。
• 인사는 생략하지 않는다	• 碰到上级或同事要问候。
• 시간 관념이 없는 것은 사회인으로서 실격	• 缺乏时间观念的人不是合格的职场人。
• 공사 구별은 확실히	• 公私分明。
• 책상 위 정리 정돈은 필수	• 保持办公桌面整洁。
• 멋대로 외출하지 않는다	• 工作时间不要私自外出。
• 노크를 한 뒤 입실하도록	• 进办公室前要敲门。

제15과 통관 및 서류

 课　文

词汇

선적 서류의 잘못으로 통관이 지연될 경우가 생길 수 있으므로 주의해야 한다.

잘못 (名) : 失误
통관 (名) : 通关

1. 화물이 세관에 묶여 있습니다.

세관 (名) : 海关
묶이다 (自) : 被卡住

북경상사는 2차로 물품을 선적시켰으나 대한상사는 받지 못하였다는 연락이 왔다.

강과장: 안부장님, 저희가 2차로 선적한 물품을 아직 못 받으셨다면서요? 지체되고 있는 이유가 뭡니까?

지체되다 (自) : 延迟

안부장: 예, 화물이 세관에 묶여 있습니다.

강과장: 그래요? 문제가 뭔지 알고 계시나요?

안부장: 세관에 전화해 봤더니 서류가 제대로 갖춰지지 않았다는군요.

강과장: 정말이세요? 제가 모든 선적 서류들을 발송

발송 (名) : 发送

전에 점검했었는데 모든 것이 문제가 없는 것 같았는데요.

안부장: 그럼, 제가 직접 가서 알아본 뒤에 알려 드리겠습니다. 그럼 되겠지요?

점검하다（他）：检查

2. 어떻게 해서 그런 일이 일어났습니까?

세관에 알아본 안부장은 송장의 금액과 수량이 사실과 다르게 기재된 것을 발견한다.

송장（名）：单据
금액（名）：金额
수량（名）：数量
기재되다（自）：被记载

안부장: 송장 SA-34675를 보니까 실제 사실과 다르게 금액과 수량이 기재되어 있었습니다.

강과장: 정말 황당한 실수를 했습니다. 용서해 주십시오.

안부장: 괜찮습니다. 어떻게 해서 그런 착오가 일어났습니까?

황당하다（形）：荒唐
용서하다（他）：原谅

강과장: 저, 지난주에 직원들이 굉장히 바빴거든요. 그래서 새로 들어온 젊은 사무원 중의 한 명이 귀사와의 거래를 다른 회사의 것과 혼동을 한 겁니다.

착오（名）：差错
일어나다（自）：发生
사무원（名）：文职人员

혼동을 하다（词组）：
　混淆

안부장: 그랬군요, 이로 인해 통관이 지체되었습니다.

강과장: 정말 죄송합니다. 지금 정확한 수량과 금액의 송장을 작성하고 있습니다. 작성 즉시로 바로 보내 드리겠습니다.

 注　解

01　선적 서류의 잘못으로 통관이 지연될 경우가 생길 수 있으므로 주의해야 한다.

连接语尾「(으)므로」表示理由和根据，相当于汉语的"因此"，「므로」接在开音节的动词或形容词词干后，「으므로」接在闭音节的动词或形容词词干后。

例子　그는 부지런하므로 성공할 것이다.

　　　상대가 힘이 센 선수이므로 조심해야 한다.

02　문제가 뭔지 알고 계시나요?

终结语尾「나요」表示疑问的，直接接在动词或形容词词干后。

例子　그래도 이해가 잘 안 되나요?

　　　방송국에서 텔레비전 프로그램이 만들어지는 과정을 본 일이 있나요?

03　세관에 전화해 봤더니 서류가 제대로 갖춰지지 않았다는군요.

连接语尾「더니」表示前一事件的经验成为获得后面一个事实的根据，相当于汉语的"结果……"。

例子　온종일 날이 흐리더니 밤부터 비가 내리기 시작했다.

04 제가 모든 선적 서류들을 발송 전에 점검했었는데 모든 것이 문제가 없는 것 같았는데요.

「았/었/였」是表示过去完成时制的终结语尾，表示某一事件或行为在过去已经完成。

例子 아까 내 손목시계를 어디에 놓았었죠?

작년까지만 해도 이 저수지에 물고기가 많았었다.

05 제가 직접 가서 알아본 뒤에 알려 드리겠습니다.

惯用型「ㄴ/은 뒤에」表示"在……以后"，和「ㄴ/은 후에」「ㄴ/은 다음에」意思相同。

例子 그 일에 대해 자세히 알아본 뒤에 시작하는 것이 좋겠다.

그 사람에 대해서 자세히 알아본 뒤에 일을 시켜야 한다.

练 习

1. 按顺序使用下列给出的单词或短语，完成下列对话。

| 지체되다 | 세관에 묶여있다 | 서류 | 직접 가다 |

A: 제가 이번에 보낸 물건을 아직 못 받으셨다면서요?

B: 네, 그렇습니다.

A: _____

B: 네, 압니다. _____.

A: 그래요? 문제가 뭔데요?

B: _____.

A: 정말이에요?

> 금액과 수량   혼동을 하다   송장을 작성하다

A: 물품이 지체되고 있는 이유가 뭡니까?

B: _____.

A: 정말 황당합니다. 어떻게 해서 그런 착오가 일어났습니까?

B: _____.

A: 그랬군요.

B: 죄송합니다. _____.

2. 根据汉语内容，完成下列韩国语句子。

1) 第二次装船的货物被困在海关。

    2차로 선적한 물품은 _____.

2) 刚才打电话了，说是手续材料不全。

    _____.

3) 姜科长在发货前已经检查过所有的装船手续材料了，没有任何问题。

    강과장님이 _____.

4) 怎么搞的出现这样的事情？

    _____.

5）这种失误太荒唐了，请原谅我。

　　_____.

6）由于金额和数量与事实不符，所以延期通关。

　　_____.

7）我把和贵公司的合同与和其他公司的合同搞混了。

　　제가 _____.

3. 根据课文内容，回答下列问题。

1) 안부장님은 2차로 선적한 물품을 받았습니까?

2) 안부장님이 세관에 전화하여 알아본 결과 물품이 통과되지 못한 이유가 뭡니까?

3) 누가 세관에 문제를 알아보았습니까?

4) 안부장님은 세관에 가서 알아본 결과 무엇을 발견했습니까?

5) 북경상사에서는 어떻게 해서 그런 착오가 일어났습니까?

4. 自由会话

1) 선적한 물품을 받지 못했습니다. 상대방 회사에 확인 전화를 해 보세요.

2) 통관 서류를 잘못 작성하여 통관 지연이 되었습니다. 바이어에게 양해를 구해 보세요.

5. 思考后，回答问题。

송장에 기재된 금액과 수량이 사실과 다르다는 것으로 인해 통관되지 못하는 일이 생기면 어떻게 해결합니까?

 职场礼节

회의에서의 대화 예절	会场发言礼节
1. 발언 내용은 주제에서 벗어나지 않는 것이어야 한다.	1. 发言内容要紧扣主题。
2. 발언의 차례가 정해져 있는 경우 이를 반드시 지키도록 하며, 차례가 정해져 있지 않더라도 윗사람이나 상사의 발언이 끝나기를 기다려 자기의 의견을 말하도록 한다.	2. 要遵守发言顺序，即便没有设定发言顺序，也要等长辈或上司发言结束后，再发表个人观点。

3. 누구나 알아들을 수 있도록 정확하고 또렷한 목소리로 말한다.	3. 发言时要声音洪亮、吐字清晰，便于所有参会者听清。
4. 혼자서 너무 오랫동안 발언하지 말고 여러 사람이 의사를 개진할 수 있도록 배려한다.	4. 要控制个人发言时间，并容请他人指正。
5. 짧은 시간에 요점을 간결하고 알기 쉽게 말한다.	5. 发言要简明扼要、便于参会者理解。
6. 의제와 관계없는 사담을 피한다.	6. 不要谈论与主题无关的私人话题。
7. 남의 말을 가로막거나 중단시키는 행위는 삼가야 한다.	7. 不要打断其他人发言。
8. 남에게 불쾌함을 주는 태도나 발언은 금물이다.	8. 注意说话态度，避免让他人感到不快。

제16과   제품 하자

	词汇

주문품은 무엇보다도 품질과 납기가 생명이다.

생명（名）：生命

1. 고객들로부터 여러 가지의 반응이 들어오고 있습니다.

주문량이 많을 때 정해진 시간에 우수한 품질을 공급하는 것에는 많은 노력이 따른다[1]. 북경상사도 2차 선적 물품을 제 날짜에 선적하기 위해 많은 노력을 하였으나 수출한 제품에 하자가 발생했다.

우수하다（形）：优秀
따르다[1]（自）：取决于

안부장: 강과장님, 고객들로부터 여러 가지의 반응들이 들어오고 있는데 별로 좋지 못한 것들입니다.

별로（副）：不太……

강과장: 그렇습니까? 불량품에 대해서는 반송해 주십시오. 운임과 수선 비용은 저희가 부담하겠습니다.

반송하다（他）：退还
수선（名）：修补，修理
부담하다（他）：承担

안부장: 알겠습니다. 하지만 불량 제품에 대해 원인 규명을 해 주십시오. 다시는 그런 일이 발생되지 않도록 말입니다.

강과장: 알겠습니다. 그 문제는 제가 신경을 쓰겠습니다.

규명을 하다 (词组): 查清

신경을 쓰다 (词组): 努力处理

2. 모든 제품은 공장에서 출하되기 전에 세심하게 검사를 받습니다.

출하되다 (自): 提货
세심하다 (形): 细心

고객들로부터 다수의 불량품이 돌아오자.

안부장: 강과장님, 귀사에서 선적한 제품에서 다수의 불량이 발견되고 있습니다.

다수 (名): 多数

강과장: 그래요? 그 말을 들으니 놀랍군요.

놀랍다 (形): 吃惊

안부장: 그뿐만이 아닙니다. 일부의 제품에서는 검은 점과 작은 구멍들이 발견됩니다.

검다 (形): 黑
점 (名): 点
구멍 (名): 洞

강과장: 어째서 그런 일이 생겼는지 모르겠군요. 모든 제품은 이 곳을 떠나기 전에 철저한 검품을 거쳤거든요.

어찌하다 (形): 怎么
철저하다 (形): 彻底的

거치다 (他): 经过

안부장: 공장에 공정상의 결함이 아닐까요?

결함 (名): 缺陷, 不足

강과장: 글쎄요. 제가 공장에 내려가서 확인해 보겠습니다.

3. 중요한 것은 결과입니다.

북경상사의 강과장은 선적한 제품을 잘못 만들었다는 안부장의 불만 토로에 대하여,

강과장: 안부장님, 확실히 말씀 드리지만 저희는 작업지시서를 정확히 따랐②습니다.

안부장: 그러면 어째서 그런 결과가 나왔지요?

강과장: 저도 모릅니다. 단계마다 세심한 주의를 기울여 빠짐없이 확인했습니다.

안부장: 하여튼, 어딘가에서 뭔가 잘못된 것이 분명합니다.

강과장: 안부장님, 정말이지 저희는 이 제품에 많은 시간과 노력을 쏟았습니다.

안부장: 압니다. 하지만 중요한 것은 결과입니다.

불만（名）：不满
토로（名）：吐露
따르다②（他）：遵照
단계（名）：阶段
주의를 기울이다（词组）：格外注意
빠짐없이（副）：一个不落
하여튼（副）：反正
분명하다（形）：分明
쏟다（他）：付出

注 解

01 주문품은 무엇보다도 품질과 납기가 생명이다.

「무엇보다도」是惯用语，「무엇」表示其他的某些东西，「보다」是表示比较的助词，接在表示比较基准的体言后，相当于汉语的"和任何……相比都……"。

例子　산속으로 들어가면 무엇보다도 그리운 것이 사람이다.

　　　그는 누구보다도 걸음이 빠릅니다.

02　주문량이 많을 때 정해진 시간에 우수한 품질을 공급하는 것에는 많은 노력이 따른다.

「따르다」作为自动词使用时，表示在做前面事情的同时产生，相当于汉语的"伴随……"。

例子　이러한 일들을 잘 해내는 데는 무한한 어려움과 고난이 따른다.

　　　새 사업을 시작하는 데는 많은 어려움이 따르게 될 것이다.

03　고객들로부터 여러 가지의 반응들이 들어오고 있는데 별로 좋지 못한 것들입니다.

惯用型「지 못하다」接在形容词词干后，表示达不到某种状态。

例子　그는 편치 못한 마음으로 두 사람이 춤 추는 것을 바라보았다.

　　　그런 태도는 옳지 못하다.

04　그뿐만이 아닙니다.

惯用型「뿐 아니다」相当于汉语的"不仅仅是……"，在「뿐」的后面，可以添加「만」表示强调和进一步限定。

例子　값이 폭락한 것은 비단 농산물뿐이 아니다.

　　　급한 것은 너뿐만 아니야.

05 어째서 그런 일이 생겼는지 모르겠군요.

副词「어째서」是「어찌하여서」的缩写，表示追究原因，相当于汉语的"究竟怎么回事"。

例子 너희들은 어째서 만나기만 하면 싸우니?

어째서 일이 잘못되었는지 말해 봐.

06 공장에 공정상의 결함이 아닐까요?

「ㄹ/을까요」疑问句终结语尾，表示反问或者设问的语气。

例子 이 나무에 꽃이 피면 얼마나 예쁠까?

생명보다 더 소중한 것이 무엇일까?

07 단계마다 세심한 주의를 기울여 빠짐없이 확인했습니다.

「마다」助词，接在名词后，表示全都，一个不少，相当于汉语的"每"。

例子 사람마다 성격이 달라요.

그 사람이 날마다 책을 읽어요.

08 어딘가에서 뭔가 잘못된 것이 분명합니다.

「ㄴ가」是终结语尾，接在部分疑问代词后，表示不确定。

例子 언젠가

누군가

무엇인가

 练 习

1. 按顺序使用下列给出的单词或短语，完成下列对话。

반응   반송하다   원인을 규명하다   발생하다

A: 강과장님, _____.

B: 그렇습니까? 불량품이 많다는 말씀입니까?

A: 네, 그렇습니다. _____.

B: 네, 알겠습니다. 운임과 수선 비용은 저희가 부담하겠습니다.

A: 그리고 _____.

B: 알겠습니다. _____.

불량   검은 점과 작은 구멍   검품

A: 강과장님, _____.

B: 그래요? 어떤 불량인데요?

A: _____ 어째서 그런 일이 생겼지요?

B: 글쎄요. _____.

A: 아무튼, 원인을 규명하고 연락을 주십시오.

제 16 과 제품 하자 189

2. 根据汉语内容，完成下列韩国语句子。

1）货品最重要的是质量和交期。

　　주문품은 무엇보다도 _____.

2）想在规定的时间里拿出优秀的生产质量，需要付出一番心血。

　　정해진 시간에 _____.

3）上次装船的产品有很多瑕疵。

　　저 번에 선적한 물품에는 _____.

4）请贵公司承担运费和返修费用。

　　귀사에서 _____.

5）我一定努力查清出现次品的原因。

　　_____.

6）听姜科长这么一说，我感到很吃惊。

　　_____.

7）贵公司装船的产品中发现了很多黑点和小孔。

　　귀사에서 선적한 제품에서 _____.

8）所有产品在出库之前都经过了彻底的检验。

　　모든 제품은 _____.

9）那可能是工厂在生产上出现的问题。

　　그것은 _____.

10）安部长对产品质量问题表示很不满。

　　안부장은 _____.

11）到底是什么原因出现这种结果的呢？

　　_____.

12) 在生产时，每个阶段我们都很小心，并且每一个都确认过了。

　　이 번 제품을 만들 때 _____.

13) 肯定是哪个地方出现问题了。

　　_____.

14) 在生产这批产品时，我们投入了大量的时间和精力。

　　_____.

3. 根据课文内容，回答下列问题。

1) 북경상사에서 2차로 선적한 물품은 아무 문제도 없습니까?

2) 고객들은 2차로 선적한 물품에 대해 어떤 반응을 보였습니까?

3) 이 불량품에 대해 북경상사의 태도는 어떻습니까?

4) 안부장은 이 불량품에 대해 강과장님에게 어떤 요구 사항을 제시했습니까?

5) 북경상사에서 2차로 보낸 물품에는 어떤 문제가 있었습니까?

6) 안부장님의 불만 토로에 대해 강과장님은 어떻게 변명했습니까?

4. 自由会话

1) 당신 회사에서 공급한 제품에 몇 가지 문제가 발생했습니다. 당신이 어떻게 하려고 합니까?

2) 바이어의 물건 품질에 대한 불만 토로에 어떻게 답변합니까?

5. 思考后，回答问题。

'주문품은 무엇보다도 품질과 납기가 생명이다'라는 말을 어떻게 생각합니까?

 职场礼节

불만고객 응대요령	顾客投诉处理要领
서비스의 중요성은 너무 잘 알고 있다. 우선 불만하는 고객이 발생하지 않도록 노력해야 한다. 불만고객 100명 중 4명만이 불만을 제기한다고 한다. 또한 불만을 제기하는 고객은 보통사람의 두 배 이상 이용도가 높다고 하며, 불만 고객의 영향은 만족한 고객의	在服务行业中，顾客就是上帝。因此，要尽职尽责，尽量做到让顾客满意。有调查显示，在100名有不满情绪的顾客中，只有4名会把不满宣泄出来，但这些宣泄不满情绪顾客的影响力是普通顾客的两倍。

영향보다 두 배나 강하다고 한다. 그러나 불만고객 발생시 어떻게 응대하느냐에 따라서 더 좋은 결과를 얻게 될 수도 있다.

- 불만고객 발생시 신속하게 접수한다.
- 잘못을 따지지 않도록 한다.
- 우선적으로 '죄송합니다'로 시작하며 긍정적 인상을 전달하도록 하자.
- 고객의 상황을 이해하고 고객이 편안한 마음으로 돌아갈 수 있도록 성의 있게 응대한다.
- 불만고객을 다른 고객보다 정중한 언행으로 최선을 다해서 응대한다.
- 불만사항은 끝까지 경청하며 반드시 메모한다.
- 차후 서신이나 전화를 이용해서 성의 있게 마무리한다.

因此，好好处理顾客投诉的问题，将会起到事半功倍的效果。

- 出现顾客投诉，要尽快给予处理。
- 不要追究孰是孰非。
- 首先向顾客道歉，给顾客一个诚恳的印象。
- 站在顾客的立场上，设身处地为顾客着想，让顾客恢复平静。
- 对待投诉的顾客，说话语气要比对待普通顾客更加郑重。
- 要从头至尾认真听取顾客投诉的具体问题，并认真做记录。
- 事后致信或致电，显示出诚意。

제17과 클레임

 课　文

词汇

1. 그 점에 대해서 논쟁하고 싶지 않습니다.

　북경상사가 지난번 선적한 제품에 이상이 발견되었기 때문에 대한상사는 손해 배상을 청구해 놓고 있다. 서로가 제품 하자의 책임을 두고 감정이 상해 있다.

안부장: 강과장님, 귀사가 제품 결함에 대한 책임을 면할 수 있는 방법은 없습니다.

강과장: 안부장님, 그 제품이 공장에서 떠날 때에는 하자가 없었습니다.

안부장: 그 점에 대해서는 더 이상 논쟁하고 싶지 않습니다. 당사 클레임이 해결되든가 아니면 이번 거래는 끝장입니다.

강과장: 이 거래를 놓치고 싶진 않지만, 전적으로 저희 측 잘못이라는 손해 배상 청구에는

논쟁하다(自): 争论

발견되다(自): 被发现
손해(名): 损失
배상(名): 赔偿
청구하다(他): 申请
감정이 상하다(词组):
　伤感情

면하다(他): 免除

클레임(名): 索赔

응할 수 없습니다.

안부장: 선택의 여지를 주시지 않는군요. 저희는 이번 계약을 취소하는 수밖에 없겠습니다.

강과장: 자, 이러지 말고 서로 이성적으로 해결을 합시다. 우리가 손해 보는 만큼 손해를 보시게 될 텐데요.

응하다 (自) : 答应
여지 (名) : 余地
취소하다 (他) : 取消
이성적으로 (副) :
　理性地
손해를 보다 (词组) :
　受损失

2. 이번에는 그에 대한 책임을 우리가 다 질 수 없습니다.

대한상사는 손해 배상건을 어떻게든 빨리 종결짓고자 계속 거론을 한다. 이에 대해 북경상사는

배상건 (名) : 赔偿事件
종결짓다 (他) : 了结
거론을 하다 (词组) :
　提出

안부장: 저, 강과장님, 어떻게든 이 손해 배상은 해결해 주셔야 합니다.

강과장: 안부장님 입장은 이해합니다. 그러나 이번만큼은 그것에 대해 저희가 책임을 다 질 수는 없습니다.

입장 (名) : 立场

안부장: 왜 그렇지요?

강과장: 안부장님도 아시지만, 이번 작업의 납기가 대단히 촉박했습니다. 저희로서는 납기를 지키기 위해 최선을 다했지만 그 과정에서 제품 품질에 다소 소홀해진 점에 대해서는

촉박하다 (形) : 紧迫

이해를 해 주셔야 합니다.

안부장: 그러면 어떤 해결 방안을 내놓으시겠습니까?

강과장: 절반 정도의 금액으로 마무리지으면 어떨까요?

안부장: 알겠습니다. 저희 사장님과 상의한 후 다시 연락 드리겠습니다.

소홀하다 (形) : 疏忽

내놓다 (他) : 拿出

마무리짓다 (他) : 了结

3. 이번 계약의 클레임 건은 서로 반씩 배상을 하는 게 어떨까요?

대한상사는 최종 타협안 제시를 한다.

타협안 (名) : 妥协方案

안부장: 강과장님, 이번 작업에서 납기일이 다소 짧은 것을 인정합니다. 그래서 이번 계약의 클레임 건은 서로 반씩 배상을 하는 것이 어떻습니까?

강과장: 알겠습니다. 상부에 얘기해서 귀사의 제의가 받아지도록 노력하겠습니다.

안부장: 총 배상 금액이 5,000USD입니다. 저희 제안이 받아지면 이번 계약분 대금 송금시 2,500USD를 제하고 보내겠습니다.

송금시 (名) : 汇款时

제하다 (他) : 扣除

강과장: 알겠습니다. 사장님과 확인한 다음에 연락 드리겠습니다.

# 注 解

01 서로가 제품 하자의 책임을 두고 감정이 상해 있다.

惯用型「를/을 두다」表示针对某种情况或问题，相当于汉语的"就……（问题、情况）"。

例子　친구와 사소한 일을 두고 싸움을 벌였다.

02 우리가 손해 보는 만큼 손해를 보시게 될 텐데요.

依存名词「는/ㄴ/은/ㄹ/을 만큼」表示同等的程度和限度，也可以直接接在名词后，表示程度相同。

例子　우리는 주는 만큼 받고, 받는 만큼 준다.

　　　한강물이 얼 만큼 추운 날씨었다.

　　　나도 당신만큼은 할 수 있다.

　　　집을 대궐만큼 크게 지었다.

03 대한상사는 손해 배상건을 어떻게든 빨리 종결짓고자 계속 거론을 한다.

连接语尾「든」表示不分什么事情和什么事态，相当于汉语的"无论……"。

例子　문장은 어떤 것이든 언어의 기록이다.

　　　무슨 일을 하든 열심히만 하면 성공할 수 있다.

04 저희로서는 납기를 지키기 위해 최선을 다했지만 그 과정에서 제품 품질에 다소 소홀해진 점에 대해서는 이해를 해주셔야 합니다.

助词「(으)로서」表示身份和资格，相当于汉语的"作为"。

例子　그는 친구로서는 좋으나, 남편으로서 부족한 점이 많은 사람이다.

　　　그것은 선생으로서 할 이야기가 아니다.

05 이번 계약의 클레임 건은 서로 반씩 배상을 하는 게 어떨까요?

接尾词「씩」表示平均分配同等的量。

例子　우리 반에서는 수재 의연금을 1,000원씩 걷기로 했다.

　　　여기의 과일은 모두 1,000원씩입니다.

练 习

1. 按顺序使用下列给出的单词或短语，完成下列对话。

> 책임을 지다　　손해 배상　　계약을 취소하다

A: _____.

B: 아닙니다. 우리의 모든 제품은 이곳을 떠나기 전에 철저한 검품을 거쳤고 아무 문제가 없었습니다.

A: _____.

B: 전적으로 우리의 잘못이라는 것에 응할 수 없습니다.

A: _____.

   어떻게든   끝장   해결방안   상의하다

A: _____.

B: 전적으로 저희 측의 잘못이라는 손해 배상 청구에는 응할 수 없습니다.

A: _____.

B: 안부장님, 우리 이러지 말고 이성적으로 해결을 합시다.

A: _____.

B: 절반 정도의 금액으로 해결하면 어떨까요?

A: _____.

   클레임   품질에 소홀하다   반씩

A: 안부장님, 저희는 이 번 일에 대해 책임을 다 질 수는 없습니다.

B: 더 이상 논쟁하고 싶지 않습니다. _____.

A: 안부장님, 이번 작업의 납기가 대단히 촉박했습니다. _____이 해를 주십시오.

B: 그렇다면 어떻게 해결하려고 합니까?

A: _____.

B: 알겠습니다. 사장님과 확인한 다음에 연락 드리겠습니다.

2. 根据汉语内容，完成下列韩国语句子。

1）对于上次装船的货品，安部长准备提出索赔。

　　안부장은 _____.

2）大韩商社和北京商社因产品瑕疵的问题大伤感情。

　　대한상사와 북경상사는 _____.

3）对于产品质量问题，贵公司不可推卸责任。

　　_____.

4）关于这一点，我不想再争论下去了。

　　그 점에 대해서는 _____.

5）要么赔偿，要么我们只好取消这次合同。

　　_____.

6）这次产品的质量问题，并不都是我们这边的责任。

　　이 번 제품 결함은 _____.

7）请给我们一点选择的余地。

　　_____.

8）别这样，我们双方都理性地来寻找解决方案吧。

　　_____.

9）我们的损失也和贵公司不相上下。

　　_____.

10）虽然这次交期很紧，但我们为了按时交货，还是尽了最大的努力。

　　_____저희는 납기를 지키기 위해 최선을 다했습니다.

11）我们在产品的质量上稍有疏忽，对于这一点请给予谅解。

　　_____이해해 주십시오.

제 17 과　클레임　201

12）我们承认，这次交期有些短。

　　이번에 _____.

13）请努努力，让社长接受我们的建议吧。

　　_____ 노력해 주십시오.

3. 根据课文内容，回答下列问题。

1) 지난 번 제품에 이상이 발견된 것에 대해 대한상사에서 어떻게 해결하려고 합니까?

2) 북경상사는 대한상사의 손해 배상 청구에 응합니까?

3) 북경상사는 대한상사에 어떻게 이해해 달라고 설득시켰습니까?

4) 북경상사는 어떻게 해결하려고 합니까?

5) 북경상사는 이번에 배상을 얼마나 낼 겁니까?

4. 自由会话

1) 도착한 제품에 하자가 발생되었습니다. 상대방에게 손해 배상을 청구해 보세요.

2) 출고한 제품에 하자가 생겨서 손해 배상 청구가 들어왔습니다. 이에 대해 해명을 해 보세요.

5. 思考后，回答问题

제품의 클레임에 대해서 공장의 입장과 바이어의 입장이 되어서 서로 이야기해 보세요.

 职场礼节

대인예절의 태도	待人接物礼节
1. 눈꺼풀을 올린다. 　우선 눈썹을 한번 위로 올려보자. 이 때의 표정 그대로 상대방 이름을 부르는 것이다. 눈꺼풀이 기분 좋게 떠지면 마음도 열리기 때문이다. 2. 인사는 주고 받는 것이다. 3. 단정한 옷차림 　앞 뒤가 깨끗하게 닦이고 뒤축까지 깔끔한 구두를 신은 사람은 신뢰감을 준다.	1. 抬眼视人 　首先，以眉毛上扬的表情、状态与对方打招呼。打起精神，心胸也会开阔。 2. 互相问候。 3. 衣着大方得体： 　保持皮鞋洁净光亮，可以提升自己的可信度。

제 17 과　클레임

4. 완전한 말

정중하고 완전하게 표현하는 습성이 필요하다. '잠깐만요' 하기보다는 '잠시만 기다려 주시겠습니까?' 그냥 '네?'라고 하기보다는 '죄송합니다만 다시 한번 말씀해 주시겠습니까?' 라고 하는 것이 좋다.

5. 의미있는 악수

자신 있게 손을 내밀어 힘있고, 따뜻하게 또 진지하게 악수를 했다면 첫 출발은 잘한 것이다. 반대로 손목을 쭉 떨어뜨리고 눈을 처다보지도 않고, 간단히 악수했다면 일이 잘 되기가 힘들 것이다.

6. 모임에서 자신감 있는 사람이 돋보인다.

어디서든지 자기 자신을 자신감 있게 표현하고 자신을 바르게 소개하여야 한다.

4. 话要说完整：

要养成说完整话的好习惯。例如，在正式场合，不要说"等等"，最好说"请稍等"；当您不理解时，不要说"什么"，而要说"不好意思，您可以再说一次吗？"

5. 握手要有意义

自信地伸出手，有力、热情、真诚的握手是迈向成功的第一步。相反，手腕下垂无力，眼睛不直视对方，简单敷衍了事，则很难取胜。

6. 充满自信的人往往更加出众

无论在哪里自我介绍时都要充满自信。

附录一　课后练习答案

第一课

1.

1) 실례하지만, 김사장님이 계십니까?

   처음 뵙겠습니다. 저는 왕동이라고 합니다.

   덕분에 잘 계십니다.

2) 공장까지 얼마나 걸릴 겁니까?

   네, 덕분에 아주 즐거웠습니다.

   호텔에 도착해서 저랑 점심을 하실래요?

3) 오시느라고 수고가 많으셨습니다.

   오시는 데 얼마나 걸렸습니까?

   호텔을 이미 예약해 놓았습니다. 호텔로 가시지요.

4) 수고랄 것도 없습니다.

   덕분에 잘 되어가고 있습니다.

   약 40분 가량 걸릴 겁니다.

2.

1) 입맛에 맞으실지 모르겠습니다.

2) 한국 바이어를 마중하기 위해

3) 저는 왕단이라고 하는데

4) 마중나와 주셔서

5) 오시는 데

6) 회사에서 기다리고 계십니다.

7) 몇 시간이나 걸릴 겁니까?

8) 수출부에서

9) 차가 많이 막히지만 않으면

10) 초면이라

3.

1) 팻말을 가지고 마중 나가겠습니다.

2) 처음 뵙겠습니다. 저는 ○○부에서 근무하는 ○○입니다.

3) 차에 안내해 드리고 안전하게 목적지로 이동합니다.

4) 여도가 어떠신지, 다른 지인이 안녕하신지 등 대화를 나눌 겁니다.

5) '오느라 피곤하시겠습니다. 호텔로 가시겠습니까?'라고 해야 합니다.

6) '저랑 식사나 같이 하실까요?'라고 이야기해야 합니다.

7) 저를 위해서 수고가 많으셨습니다.

8) 아침 비행기로 가서 낮에 일을 보고 저녁 비행기로 돌아올 수 있었으면 좋겠습니다.

9) 회사의 위치, 공항까지의 거리, 상사의 안부 등을 물을 겁니다.

第二课

1.

1) 김사장님과 약속이 되어 있습니다.

저쪽에 있는 엘리베이터를 타십시오.

6층 우측 첫번째 방입니다.

2) 여기에 편히 앉으십시오.

　　어차피 운동을 하려고 했는데 괜찮습니다.

　　지금은 생각이 없습니다.

3) 배려해 주셔서 정말 감사했습니다.

　　저희 회사를 많이 협조해 주셔서 감사했습니다.

　　과찬의 말씀입니다.

4) 좋은 원단 거래처를 찾고자 하는데

　　저에게 맡기십시오.

　　염려 마십시오.

2.

1) 오전 9시 30분에 만나기로 약속했습니다.

2) 이런, 세상에/보아 하니 걸어가야 할 것 같습니다.

3) 옳으신 말씀입니다.

4) 저를 염려하지 마시고

5) 모든 업무를 맡아서 처리하고 있습니다.

6) 제가 이번에 직접 이 곳에 온 것은 귀사와

7) 제게 맡기십시오.

8) 당신이 찾고자 하는 사람을 제가 알고 있습니다.

9) 한국어를 할 줄 아는 여자 직원이어야 합니다.

10) 반드시 출근 시간은 정해진 시간을 지켜주세요.

3.

1) 건물이 참 깨끗하고 좋다고 생각합니다.

2) 5층 우측 첫번째 방입니다.

3) 엘리베이터가 고장 났기 때문입니다.

4) '괜찮습니다. 저를 개의치 마시고 드시고 싶으면 드세요'라고 하면 됩니다.

5) 강과장은 대한상사와의 모든 거래를 맡아서 처리하고 있습니다.

6) 섬유 제품에 대한 훌륭한 공급 업체를 찾고자 해서입니다.

7) 섬유류를 수출하는 회사를 하나 소개해 달라고 부탁했습니다.

8) 품질이 좋고, 가격이 저렴하고, 공급을 확실하게 해 줄 수 있는 회사입니다.

9) '염려 마세요. 항상 저를 믿으세요'라고 말해야 합니다.

第三课

1.

1) 이야기를 많이 들었습니다.
   면제품에서 울제품에 이르는
   규모가 대단합니다.

2) 몇 명이나 됩니까?
   300명 정도 됩니다.
   혹시 노조 때문에 골치가 아프지는 않습니까?

3) 울제품을 취급하는 회사를 찾기 위해서
   바로 찾아오셨습니다.
   공장을 한바퀴 구경해도 될까요?

4) 제품 품질과 생산성에 큰 영향을 줍니다.
   작업 환경이 좋아야
   작업 환경 개선에 노력합니다.

2.

1) 직업이 무엇인지에 대한 질문

2) 밥하는 것에서 빨래하는 것에 이르는 거의 모든 집안일

3) 전부 자기가 주인이라는 생각으로

4) 그랬으면 좋겠어요.

5) 항상 골치 아파할 필요도 없을 테니까요.

6) 마음 속에 불만이 있긴 해도

7) 공부에 있어서 그를 따라올 사람

8) 공부 환경이 좋아야 학생들의 의욕이 높아져

9) 총장으로부터 선생님 모두가 공부 환경 개선

3.

1) 비즈니스를 위해 처음 만난 사람들끼리 주로 상대방 회사의 주요 생산제품이 무엇인지에 대한 질문을 주고받습니다.

2) 면제품에서 울제품 섬유류에 이르는 거의 모든 걸 생산합니다.

3) 공장 근로자가 약 600명, 사무직원이 약 150명 정도 됩니다.

4) 전부 자기가 주인이라는 생각으로 일하고 있습니다.

5) 노조가 있긴 해도 그렇게 막강하지 않습니다.

6) 주로 울제품을 취급하는 생산업체를 찾기 위해서입니다.

7) 작업환경이 좋아야 근무자의 의욕이 높아져 생산성도 향상되고 제품품질도 좋아진다고 생각합니다.

8) 일주일에 약 60시간 정도가 되고 어떨 때에는 70시간이나 그 이상이 되는 경우도 있습니다.

9) 주 40시간의 표준 근무 시간도 더 줄이고 싶어합니다.

第四课

1.

1) 한 번 둘러봐도 괜찮아요?

    얼마든지요.

    이게 괜찮아 보이네요.

2) 귀사의 제품이 마음에 들고

    자세한 사항은 나중에 얘기합시다.

    무척 듣고 싶습니다.

3) 네, 품질이나 가격 모두 만족합니다.

    별로 활발하지 못합니다.

    희망적인 소식이군요.

4) 금일 오후 비행기로요.

    다음으로 미루어야 할 것 같습니다.

    차를 준비해 놓겠습니다.

2.

1) 서슴지 마시고

2) 3가지 디자인으로 되어 있고

3) 디자인이나 색상

4) 우수한 품질의 제품을 만들어내는 데 대하여

5) 나중에 얘기합시다.

6) 상품조사차

7) 저희가 할 수 있는 일이면 기꺼이 도와 드리겠습니다.

8) 더 이상의 상담은

9) 내일 아침 기차로

3.

1) 안부장은 삼안방직의 진열실을 구경했습니다.

2) 최신 제품은 3가지 디자인으로 되어 있고 시장의 반응도 좋습니다.

3) 네, 품질이나 가격 모두 만족합니다.

4) 아니오, 나중에 얘기하기로 했습니다.

5) 별로 활발하지 못한 것 같습니다. 내년 초쯤에는 좀 나아질 겁니다.

6) 다른 사람보다 유리한 출발을 해 보려고 상품조사차 중국에 왔습니다.

7) 금일 오후 비행기로 돌아갑니다.

第五课

1.

1) 신세를 많이 졌습니다.

   제가 해야 할 일인 걸요.

   관심을 가져 주시니 고맙습니다.

2) 무슨 일로 전화하셨습니까?

   혹시 제품 카탈로그가 있습니까?

   우리 회사의 전품목이 다 나와 있습니다.

3) 보내 주신 카탈로그는 잘 받았습니다.

   혹시 견본도 있나요?

   늦어도 이번주 수요일까지는 받아보실 수 있습니다.

4) 품질이 꽤 양호하더군요.

   동종업계에서 최고의 품질을 자랑합니다.

   기대하고 있습니다.

2.

1) 제품에 대한 자세한 정보를 알고자

2) 다름이 아니라 제품에 대해서 좀 더 알고 싶은 것입니다.

3) 전품목이 모두 포함되어 있습니다.

4) 살펴본 다음 곧 연락 드리겠습니다.

5) 오늘 중 DHL로 보내면 늦어도

6) 견본이 도착한 즉시로 견본을 가지고

7) 동종업계에서 제일 좋다는

8) 품질이 견본과 같다면

9) 견본보다 낫지는 못해도 최소한 그 정도는 된다는 것을

3.

1) 이번 출장에서 본 제품에 대한 자세한 정보를 알고자 전화를 했습니다.

2) 아니오, 연말 경에 변경될 예정입니다.

3) 번호가 B-2134, B-2156, C-3245인 금년 새로운 제품입니다.

4) 견본을 의뢰했습니다.

5) 늦어도 이번주 수요일까지 받아볼 수 있습니다.

6) 품질이 양호하고 고객들의 반응도 아주 좋습니다.

7) 6,000미터를 주문하고 싶어합니다.

8) 견본보다 낫지는 못해도 최소한 그 정도는 된다는 것을 보장했습니다.

第六课

1.

1) 한 가지 마음에 걸리는 점이 있습니다.

　　가격이 경쟁력이 없거든요.

귀사의 제의가 수락되도록 권유 드리겠습니다.

2) 하지만 한계도 있습니다.

제가 제의하고자 하는 것은 무리한 게 아닙니다.

추가로 4,000m를 더 주문하겠습니다.

3) 모두 10,000m를 주문하신다는 말씀입니까?

제 제안은 이달 말까지 유효합니다.

지금 당장은 아무 약속도 드릴 수가 없습니다.

4) 저희가 한 제안에 대해 언제까지 답변해 주시겠습니까?

제 짐작이 틀리지 않는다면 내주 중이 될 겁니다.

그보다 더 빨리는 안 될까요?

2.

1) 수락되도록 권장하겠습니다.

2) 상당히 가능성이 있는 것으로 생각됩니다.

3) 가격에 대한 협상의 여지는 언제나 있습니다.

4) 가격 절충이 여의치 않자

5) 어떤 것인지 좀 들어봅시다.

6) 받아들이시든지 거절하시든지 하십시오.

7) 언제까지 답변해주시겠습니까?

8) 회사 상부의 결정에 달려 있습니다.

9) 제 짐작이 틀리지 않는다면,

10) 거짓말밖에 안 됩니다.

3.

1) 가격입니다. 경쟁력이 없기 때문입니다.

2) 가격 절충이 여의치 않아서입니다.

3) 모두 10,000m를 주문하려고 하고 원하는 가격은 m당 9불입니다.

4) 아니오, 이달말까지만 유효합니다.

5) 아니오, 그것은 상부의 결정에 달려 있습니다.

6) 내주 중에 받을 수 있을 것 같습니다.

第七课

1.

1) 저희 사장님께서 받아들이시지 않습니다.

   그래서 특별히 싸게 드린 가격입니다.

   가격을 낮춘다는 건 질을 떨어뜨린다는 말인데

2) 하지만 우리는 품질에서 그들보다 훨씬 앞서 있습니다.

   결국에는 상품 이미지가 나빠집니다.

   가격을 어느정도 인하해주셔야 합니다.

3) 실제적으로 원가에 판매하게 되는 거니까 안 됩니다.

   가격을 깎으려면 질을 낮추는 수밖에 없습니다.

   이 건에 대해서는 거래가 불가능하겠군요.

4) 귀사와의 오랜 거래 관계를 고려하여 9불에 계약하기로 결정하였습니다.

   한 가지 분명히 해 둡시다. 이번이 마지막 양보입니다.

   조만간 계약서를 보내 드리겠습니다.

2.

1) 가격 협상은 한바탕 진통을 겪기 마련이다.

2) 제가 말씀 드렸듯이

3) 우리의 가격이 다른 회사에 비해 다소 비싸다는

4) 그러나 꼭 된다는 보장을 할 수 없습니다.

5) 그렇게 하시려고만 하면 하실 수 있는 줄 알고 있습니다.

6) 지금 오시든가 아니면 그만두셔야 합니다.

7) 제품을 파시려는 겁니까? 안 파시려는 겁니까?

8) 그 방법뿐입니다.

9) 귀사는 앞으로 더 이상 경쟁력을 갖지 못할 겁니다.

10) 사장님께 감사하다고 전해 주세요.

3.

1) 안부장님이 내신 가격을 사장님께서 받아들이지 않아서 전화를 했습니다.

2) 대한상사의 주문이 대량이고 북경상사의 가격이 경쟁사보다 높기 때문입니다.

3) 품질에서 다른 경쟁사보다 앞서 있습니다.

4) 가격을 낮춘다는 것은 제품의 질을 떨어뜨릴 수 있고, 상품의 이미지에 나쁜 영향을 줄 수 있기 때문입니다.

5) 대한상사에서 원하는 가격은 9불이고 북경상사에서 줄 수 있는 최저 가격은 9불 50입니다.

6) 안부장님이 아무리 요구해도 북경상사에서 가격을 깎아주지 않기 때문입니다.

7) 대한상사와의 오랜 거래 관계를 고려해서 양보했습니다.

8) 계약서를 맺어야 합니다.

第八课

1.

1) 대금지불방식은 어떻습니까?

FOB조건으로 계약했으면 합니다.

저희 간부들과 상의한 후 내일 다시 연락하여 답변 드리겠습니다.

2) 지금 바로 주문하면 언제쯤 상품인도가 가능할까요?

생산능력을 확인해보고 곧 알려 드리겠습니다.

시기를 놓치면 소용이 없거든요.

3) 죄송하지만 납기를 일주일 연장해 주실 수 있습니까?

상품은 정시에 도착되어야 합니다.

하지만 이 약속은 무슨 일이 있더라도 지켜야 합니다.

4) 귀사의 주문에 최우선권을 두어 늦지 않게 인도해 드리겠습니다.

잔업을 해서라도 제날짜에 맞춰주셔야 합니다.

정 다른 방법이 없다면 그 조건을 받아들이겠습니다.

2.

1) 국제간의 상거래는 대금 지불의 안정성을 위해

2) 신용장 개설일자로부터 최소한 2개월에서 최대 3개월로

3) 최근까지 바로 이 방식으로 거래해 왔습니다.

4) 지금 바로 주문하면 언제쯤 상품 인도가 가능할까요?

5) 원자재가 언제까지면 가능할지 알아봐야 해요.

6) 귀사의 주문에 최우선권을 두겠습니다.

7) 정해진 날짜에 물건을 선적하기가 어려워서

8) 이미 합의한 사항은 변경이 불가능합니다.

9) 정 다른 방법이 없다면 전량을 항공 화물편으로 보내세요.

3.

1) 단가 9불에 모두 10,000미터를 주문했습니다.

2) 신용장 방식으로 대금지불을 하였습니다.

3) FOB천진으로 하기로 했습니다.

4) 신용장 도착 후 3개월 내에 해주기로 했습니다.

5) 다른 회사의 주문보다 안부장의 주문을 우선 생각한다는 뜻입니다.

6) 원자재의 인도가 지연되었기 때문에 안부장이 주문한 상품을 지정된 납기 내에 선적하기 어렵게 되었습니다.

7) 아니오, 이미 합의한 사항은 변경될 수 없어서 안 된다고 했습니다.

8) 전 직원이 매일 잔업을 하고 있습니다.

9) 주문량의 반은 항공편으로 보내고 나머지는 1주일 후에 보내는 것으로 약속했습니다.

第九课

1.

1) 회사는 선임이 좀 더 비싸긴 해도 운행이 정기적입니다. B회사는 싸긴 하지만 운행이 불규칙적입니다.

즉 화물이 있을때만 운행을 합니다.

A 회사의 선편으로 선적을 합시다.

2) 이번 주말에 할 예정입니다.

아니면 다른 곳을 경유하는 선편인가요?

당장은 잘 모르겠습니다.

3) 예, 이 번 주말에 예정대로 선적합니다.

직항선에 의한 선적입니까?

20일 부산항에 도착합니다.

2.

1) 어느 선편으로 선적할 것인가를 상의하고 있다.

2) 운임이 좀 비싸긴 하지만 운행이 정기적입니다.

3) 신용면에서도 A회사만큼 좋지 못합니다.

4) 이번주 15일경에 선적할 예정입니다.

5) 재확인해 보겠습니다.

6) 직항선이 아니고 다른 곳을 경유하는 선편입니다.

3.

1) 주문 상품의 작업이 완료되고 나면 어느 선편으로 선적할 것인가를 상의하고 있습니다.

2) 동맹선은 선임이 좀 더 비싸긴 한데 운행이 정기적입니다. 한편 비동맹선은 선임이 좀 더 싸긴 하지만 운행이 불규칙적이지요. 즉 화물이 있을 때만 운행을 합니다. 또한 신용 면에서 동맹선만큼 좋지를 못합니다.

3) 다음 번에 출항하는 동맹선사의 선편으로 선적하기로 했습니다.

4) 이번 주 15일 경에 할 예정입니다.

5) 9월 15일에 출발하고 9월 20일에 도착하는 직항선으로 선적할 겁니다.

6) 9월 20일에 도착할 겁니다.

第十课

1.

1) 지난 번에 주문한 원단을 추가로 1,000미터를 발주하고 싶습니다.

주문 명세서를 언제쯤 보내주시겠습니까?

신용장은 언제 개설하실 수 있습니까?

조기인도를 원하시면 주문명세서와 신용장을 최대한 빨리 보내주십시오.

2) 지금쯤이면 도착되었어야 하는데

통지 은행에 연락해서 그 문제를 좀 알아봐주시겠습니까?

내일까지 도착하지 않으면, 선적 일짜를 맞추는 데 문제가 생기게 됩니다.

3) 계약서와 다르게 나왔습니다.

계약서에는 분할 선적이 허용되어 있는데 신용장에는 금지하는 걸로 되어 있습니다.

수정을 부탁 드립니다.

2.

1) 제품이 도착할 때까지 제품에 아무런 하자가 없도록 귀사가 모든 책임을 진다는

2) 조기 인도를 원하시면 신용장을 최대한 빨리 보내주십시오.

3) 신용장에 명시해야 할 조건들은 저희의 주문서를 참조해주십시오.

4) 귀사의 팩스를 보면 귀사께서 신용장을 이미 개설했다고 되어 있는데,

5) 지금쯤이면 도착되었어야 하는데요.

6) 귀사의 개설은행에 연락해서 알아봐주시겠습니까?

7) 선적 일자를 맞추는 데 문제가 생깁니다.

8) 분할 선적 허용으로 신용장 조항을 수정하라고 요정한다.

9) 가능한 빨리 이메일을 보내주십시오.

3.

1) 대금거래의 안정성을 보장하고 계약 당사자 간의 특별 조항들을 명시하여 사전에 분쟁의 소지를 방지합니다.

2) 제품이 도착할 때까지 제품에 아무런 하자가 없도록 귀사가 모든 책임을 진다는 조건을 제시했습니다.

3) 주문 명세서와 신용장을 최대한 빨리 보내라고 합니다.

4) 김과장은 신용장에는 어떤 조건들이 명시되어 있는지를 알고 싶어하기 때문입니다.

5) 도착되어야 할 신용장이 아직 도착이 안 되었다는 일때문에 안부장님에게

전화를 했습니다.

6) 내일까지 도착하지 않으면, 선적 일자를 맞추는 데 문제가 생기기 때문입니다.

7) 분할 선적 허용으로 신용장 조항을 수정하라고 했습니다.

8) 계약서에는 분할 선적이 허용되어 있는데 신용장엔 금지하는 걸로 되어 있습니다.

9) 이메일을 보낼 겁니다.

第十一课

1.

1) 이번 제품에 대한 계약서를 작성하려고 합니다.

   지난 상담 결정대로

   생산기간이 매우 촉박하지만 최대한 납기일을 맞추겠습니다.

2) 대금결제방식은 신용장 결제로 하겠습니다.

   겉포장에는 카톤 수와 중국재라는 원산지를 표기해 주십시오.

   계약서를 작성해서 회사 대표님 결재 후에 바로 보내드리겠습니다.

3) 그런데 몇 가지 사항을 추가로 계약서에 명시했으면 합니다.

   먼저 제품을 분할 선적할 수 있도록 작성해 주십시오.

   통지은행으로 중국공상은행 천진지점의 영문주소와 신용장 번호를 계약서에 넣어 주십시오.

2.

1) 문서화된 계약서는 계약 당사자 간에 구속력을 가진다.

2) 우선 계약서 내용에 대해 몇 가지를 재확인하겠습니다.

3) 현재로서는 생산기간이 매우 촉박하지만 최대한 납기일을 맞추겠습니다.

4) 겉포장에는 카톤 수와 중국재라는 원산지를 표기해 주십시오.

5) 계약서를 작성해서 회사 대표님 결재 후에 바로 보내드리겠습니다.

6) 몇 가지 사항을 추가로 계약서에 명시했으면 합니다.

7) 먼저 제품을 분할 선적할 수 있도록 작성해 주십시오.

8) 중국공상은행 천진지점의 영문주소와 신용장 번호를 계약서에 넣어 주십시오.

9) 수정된 계약서를 받으시면 내용을 확인하신 후에 귀하 회사 서명란에 서명한 서류를 다시 메일로 보내 주십시오.

3.

1) 구매할 제품의 계약서를 작성하려고 연락했습니다.

2) 계약서 상의 제품 주문 수량은 10,000미터이고, 단가는 9불입니다. 그리고 납기일은 9월 말입니다.

3) 계약서 상의 대금 결제 방식은 신용장 결제이고 제품 포장은 수출 표준 포장입니다.

4) 계약서 상에 몇 가지 추가 사항을 명시하기 위해서 연락하였습니다.

5) 제품의 분할 선적 허용과 통지은행으로 중국공상은행 천진지점의 영문 주소와 신용장 번호를 계약서에 넣어 달라는 것입니다.

6) 내용을 확인한 후에 회사 서명란에 서명한 서류를 다시 이메일로 보내 달라고 했습니다.

第十二课

1.

1) 아무리 늦어도 11월까지는 완료될 겁니다.
   그러면 좀 무리가 따릅니다.

꼭 된다고 장담은 못하지만,

2) 귀사의 주문을 받아들일 수가 없습니다.

　　　저의 공장이 이미 다른 주문들로 너무 바빠 조금도 여유가 없습니다.

　　　전화번호와 팩스번호를 알려드리겠습니다.

3) 귀사가 하도급을 맡아주실 의향이 있습니까?

　　　귀사는 믿을 수 있고 잘한다는 것을 알고 있습니다.

　　　제게 맡기세요.

4) 그래서 불가피하게 다른 공장으로 생산을 의뢰하였습니다.

　　　제품 품질에 이상이 없습니까?

　　　그렇다면 강과장님께서 알아서 진행시켜주십시오.

5) 우리는 아무래도 제 날짜에 제품을 완성하기가 어려울 것 같습니다.

　　　날짜에 되지 않으면 거래는 끝장입니다.

　　　즉시 그 일에 착수하겠습니다.

2.

1) 겨울 시즌을 겨냥하여 주문해 놓은 제품에 납기가 차질이 없기를 바랍니다.

2) 기대를 걸고 있습니다.

3) 일이 요즘처럼만 되어가면,

4) 서둘러 주십시오.

5) 꼭 된다고 장담은 못하지만,

6) 납기일을 지킬 수 없기 때문에, 주문을 거절할 도리밖에 없다.

7) 이미 다른 주문들로 너무 바빠 조금도 여유가 없습니다.

8) 얼마나 기다리면 됩니까?

9) 품질의 수준이 귀사 정도 되는 회사를

10) 그 공장만 가지고는 그 일을 다 해낼 수가 없습니다.

11) 삼안방직에 맡기겠습니다.

12) 주문품 생산을 하도급 진행하는 것과 생산 납기 연장에 관해

13) 제 날짜에 제품을 완성하기가 어렵게 되었습니다.

14) 제품 품질에 이상이 없다고 판단되시면 알아서 진행시켜 주세요.

15) 당신의 고충을 충분히 이해합니다.

16) 최선을 다하는 것으로는 충분치 않습니다.

17) 즉시 그 일에 착수하십시오.

3.

1) 겨울 시즌 제품입니다.

2) 10월말까지 다 완성하라고 했습니다.

3) 아니오, 주문은 항상 일정한 것이 아니고 때로는 폭주하는 경우도 많습니다.

4) 김경리의 공장은 이미 다른 주문들로 너무 바빠 조금도 여유가 없기 때문입니다.

5) 아니오, 품질의 수준이 김경리 회사 정도 되는 회사를 추천 받아 작업 진행하기로 하였습니다.

6) 작업을 계약에 따라 삼안방직에 할당했습니다만, 거기만 가지고는 그 일을 다 해낼 수가 없기 때문에 부원방직에서 하도급을 맡아줄 의향을 물어보느라 전화를 했습니다.

7) 네, 제품 품질에 이상이 없다고 판단되면 동의하기로 했습니다.

8) 10월 30일까지입니다.

第十三课

1.

1) 저는 서울에서의 볼일이 끝나는대로 북경으로 떠나려고 합니다.

   공항에서 공장까지 모셔다 드릴 차를 준비해 놓겠습니다.

   12시 비행기로 출발하니 1시까지 공항으로 기사를 보내 주십시오.

2) 네, 교차로에서 왼쪽으로 돌면 바로 회사 정문이 나옵니다.

   손선생님부터 만나뵈어야 합니다.

   그 분이 공장장이고 공장 안내를 해 줄 겁니다.

3) 최종 검품을 누가 할 겁니까?

   생산이 완료되는 대로 올 겁니다.

   작업지시서대로만 만드시면 문제는 전혀 없을 겁니다.

2.

1) 공항에서 공장까지 타고 갈 차를 수배했습니다.

2) 북경에서의 볼일이 그 때면 다 끝날 것입니다.

3) 승용차를 타고 공장을 향해 달리고 있다.

4) 그 교차로에서 오른쪽으로 돌면

5) 너무 피곤해서 검품할 마음이 나지 않습니다.

6) 조그만 차로 그렇게 울퉁불퉁한 길을 간다면

7) 소식을 듣는 대로 곧 이리로 오겠습니다.

8) 이미 신용장에 명시되어 있습니다.

9) 아주 작은 결함만 있어도 불량품으로 처리합니다.

3.

1) 북경에 있는 공장으로 제품 검품을 하기 위해 갑니다.

2) 금요일 1시에 북경에 도착합니다.

3) 손선생님은 공장장이고 공장 안내를 해 줄 겁니다.

4) 박차장님이 최종 검품을 맡았습니다.

5) 아주 작은 결함만 있어도 불량품으로 규정하는 까다로운 사람이에요.

6) 선적 서류를 갖추려면 검품 보고서가 있어야 합니다.

7) 작업지시서대로 꼼꼼하게 만들어야 합니다.

第十四课

1.

1) 두 차례로 선적해야 될 것 같습니다.

   10월 30일까지 필요하신 품목들은 1차 선적시에 보내 드리겠습니다.

   나머지는 2차 선적때 보내 주십시오.

2) 물건이 모자랍니다.

   저희 사장님은 노발대발하고 계십니다.

   가능하다면 빨리 그 결과를 저에게 알려 주십시오.

3) 이번에 선적한 몇 제품에는 심한 하자가 있었습니다.

   앞으로 만약 하자가 발생한다면 귀사에서 그에 대한 책임을 지셔야 합니다.

   앞으로는 모든 것이 다 잘 될 것을 약속 드립니다.

2.

1) 귀사의 제품을 한꺼번에 다 선적할 수는 없습니다.

2) 그 물건이 월말까지 도착하지 못한다면 곤란한데요.

3) 말씀하니까 생각이 나는데요.

4) 일부 품목은 1차 선적 시에 보내 드리겠습니다.

5) 노발대발하셨습니다.

6) 오늘 밤에 그 일을 확인하셔서 내일 아침에 그 결과를 저에게 알려주십시오.

7) 이번에 선적한 제품의 품질은 대체적으로 괜찮습니다.

8) 만일 하자가 발생한다면 강과장님은 그에 대한 책임을 지셔야 합니다.

3.

1) 대한상사의 주문품을 한꺼번에 다 선적해 줄 수가 없다는 것을 알려주었습니다.

2) 아니오, 그렇지 않습니다. 일부 품목만 필요합니다.

3) 10월 30일까지 필요한 품목은 1차 선적 시에 보내고 나머지는 2차 선적 때 보내기로 했습니다.

4) 선적한 물건이 200m 모자라서 연락을 주었습니다.

5) 노발대발합니다.

6) 내일 아침까지 알려 달라고 했습니다.

7) 대체적으로 괜찮은데, 몇 제품에는 심한 하자가 있었습니다.

8) 앞으로는 제품과 서비스 모두 틀림없이 해 줄 것을 약속했습니다.

9) 다음에 만일 하자가 발생한다면 강과장 쪽에서 책임을 지기로 했습니다.

第十五课

1.

1) 지체되고 있는 이유가 뭔지 알고 계시나요?

세관에 묶여 있습니다.

서류가 제대로 갖춰지지 않았다고 합니다.

제가 직접 가서 알아본 뒤에 연락 드리겠습니다.

2) 송장의 금액과 수량이 사실과 다르게 기재되었습니다.

우리 회사의 사무원이 귀사와의 거래를 다른 회사의 것과 혼동을 했습니다.

정확한 수량과 금액의 송장을 작성해서 즉시로 보내 드리겠습니다.

2.

1) 세관에 묶여 있습니다.

2) 전화해 봤더니 서류가 제대로 갖춰지지 않았다고 합니다.

3) 모든 선적 서류들을 발송 전에 점검했었는데 모든 것이 문제가 없었습니다.

4) 어떻게 해서 그런 일이 일어났습니까?

5) 황당한 실수를 한 것을 용서해 주세요.

6) 금액과 수량이 사실과 다르게 기재된 것으로 인해 통관이 지체되었습니다.

7) 귀사와의 거래를 다른 회사의 것과 혼동을 했습니다.

3.

1) 아니오, 세관에 묶여 있어서 못 받았습니다.

2) 서류가 제대로 갖춰지지 않았다고 합니다.

3) 안부장님이 가서 알아보았습니다.

4) 송장의 금액과 수량이 사실과 다르게 기재된 것을 발견했습니다.

5) 지난 주에 직원들이 굉장히 바빠서 새로 들어온 젊은 사무원 중의 한 명이 대한상사와의 거래를 다른 회사의 것과 혼동을 했습니다.

第十六课

1.

1) 고객들의 반응이 별로 좋지 못합니다.

불량품에 대해서 반송해 드릴 테니까 수선을 해 주세요.

불량품에 대한 원인을 규명해 주시길 바랍니다.

다시는 그런 일이 발생하지 않도록 하겠습니다.

2) 이번에 선적한 제품에는 불량이 있습니다.

일부의 제품에는 검은 점과 작은 구멍들이 있습니다.

모든 제품은 선적되기 전에 철저한 검품을 거쳤는데요.

2.

1) 품질과 납기가 생명입니다.

2) 우수한 품질을 공급하는 것에는 많은 노력이 따릅니다.

3) 많은 하자가 발생했습니다.

4) 운임과 수선 비용을 부담하십시오.

5) 불량제품에 대해 원인 규명을 하는 것은 제가 신경을 쓰겠습니다.

6) 강과장님의 말을 들으니 놀랍군요.

7) 검은 점과 작은 구멍들이 발견되었습니다.

8) 출하되기 전에 철저한 검품을 받았습니다.

9) 공장에 공정상의 결함일 겁니다.

10) 제품을 잘못 만들었다고 불만을 토로했습니다.

11) 어째서 그런 결과가 나왔지요?

12) 단계마다 세심한 주의를 기울여 빠짐없이 확인했습니다.

13) 분명히 어딘가에서 뭔가 잘못된 것 같습니다.

14) 이 제품을 만드는 데 많은 시간과 노력을 쏟았습니다.

3.

1) 아니오, 하자가 발생했습니다.

2) 별로 좋지 않은 반응을 보였습니다.

3) 불량품을 반송해 달라고 하고 운임과 수선 비용도 부담하겠다고 했습니다.

4) 불량품에 대해 수선과 원인 규명을 해 달라고 했습니다.

5) 일부의 제품에서는 검은 점과 작은 구멍들이 발견되었습니다.

6) 제품을 만들었을 때 모두 작업지시서를 정확히 따랐고 단계마다 세심한 주의를 기울여 빠짐없이 확인했으며 제품에는 많은 시간과 노력을 쏟았다고 했습니다.

第十七课

1.

1) 강과장님, 귀사가 이번 제품에 대해 책임을 져야 합니다.

그 점에 대해서 더 이상 논쟁하고 싶지 않습니다. 우리는 손해 배상을 청구하겠습니다.

그렇다면 우리는 이번 계약을 취소하는 수밖에 없겠습니다.

2) 강과장님, 이번 일은 어떻게든 손해 배상을 청구하겠습니다.

그렇다면 우리 이번 거래는 끝장입니다.

그렇다면 어떤 해결 방안을 내 놓으시겠습니까?

저희 사장님과 상의한 후 다시 연락 드리겠습니다.

3) 당사의 클레임이 해결되어야 합니다.

납기를 지키기 위해 최선을 다했지만 그 과정에서 품질에 다소 소홀했습니다.

서로 반씩 배상을 하는 것이 어떻습니까?

2.

1) 지난번 선적한 제품에 손해 배상을 청구하려고 합니다.

2) 제품 하자의 책임을 두고 감정이 상해 있습니다.

3) 귀사는 제품 품질 문제에 대한 책임을 면할 수 없습니다.

4) 더 이상 논쟁하고 싶지 않습니다.

5) 클레임이 해결되든가 아니면 저희는 이번 계약을 취소할 수밖에 없습니다.

6) 전적으로 저희 측의 잘못이 아닙니다.

7) 선택의 여지를 주십시오.

8) 이러지 말고 서로 이성적으로 해결 방안을 찾아봅시다.

9) 귀사가 손해 보시는 만큼 저희도 손해를 봅니다.

10) 이 번 작업의 납기가 대단히 촉박했지만

11) 제품 품질에 다소 소홀해진 것에 대해

12) 납기가 다소 짧은 것을 인정합니다.

13) 사장님께 저희의 제의가 받아들여지도록

3.

1) 손해 배상을 청구하려고 합니다.

2) 아니오, 응하지 않습니다.

3) 이번 작업의 납기가 대단히 촉박했고, 납기를 지키기 위해 최선을 다했지만 그 과정에서 제품 품질에 다소 소홀해졌기 때문에 이해해 달라고 했습니다.

4) 절반 정도의 금액으로 마무리지으려고 합니다.

5) 2,500$를 낼 겁니다.

附录二　贸易术语 韩汉对照

가격	价格	검역하다	检疫
가격을 제시하다	报价	겉포장	外包装
가격 인상하다	提价	견본	样品
가격 인하하다	降价	견본에 의한 주문	来样定货
가격표	价格单	견적	报盘
가격을 조정하다	调价	견적 가격	报价
가격 조회	询价	견적 의뢰	询盘
가격 조회서	询价单	결산	对账
가격협상	讨价还价	결산보고	对账单
가공무역	加工贸易	결손	亏损
가공비	加工费	결제 방식	付款方式
가연성	可燃性	경기	经济情况
감(면)세	减（免）税	경기 회복	经济情况回升
개설 은행	开户行	경기부양책	经济刺激政策
개설하다	开立	경기침체	经济萧条
거꾸로 놓다	倒置	경기 회복	经济回暖
거래	交易	경매	拍卖
거래가 성립되다	成交	계약	合同
거액	大宗（交易）	계약 가격	成交价
건성화물 운반선	干货船	계약 번호	合同号

계약서	合同书	그로스 웨이트	毛重
계약파기	撤销合同	금융	金融
계약하다	签合同	급등하다	暴涨
계좌	账户	나이론	尼龙
고가	高价	낙찰	中标
고객	顾客	납기	交货期
고객 유인 상품	王牌商品	납세	交税
고정환율	固定汇率	납기일	交货日期
공급과잉	供过于求	내용물 부족	短包
공급부족	供不应求	냉장선	冷藏船
공동융자	共同筹资、合股人	노동집약적 산업	劳动密集型产业
공동출자자	合伙人	다국적 무역	跨国公司
공동 해손	共同海损	단가	单价
공동 해손 불담보	共同海损不担保	대금 인환 지급	交货付款 COD
공장도 가격	出厂价	대량	大批
공정 거래	公平交易	대행	代理
공정 환율	牌价	도매하다	批发
과잉재고	库存过剩	도착항	到货港、目的口岸
관세장벽	关税壁垒	독일 마르크화	德国马克
광고	广告	독점 판매하다	包销
교섭하다	商谈、洽谈、谈判	동일 가격	同价
규격	规格	D/A결제	D/A付款方式
기술무역	技术贸易	디자인	图案、设计
기일	约定的日期	D/P결제	D/P付款方式
기일대로	按期	디플레이션	通货紧缩
기한을 넘기다	逾期	등록하다	注册

라이너	衬垫	배서	在票据背面签字
라인	流水线	보관비	保管费
대출	贷款	보너스	奖金
리스크	危险	보상 무역	补偿贸易
명세서	明细单	보상하다	补偿
매도확인서	售货确认书	보세창고인도조건(B.W.T.)	仓至仓条款
매입 은행	议付银行		
매임 주문서	订货单	보험료	保险费
매진	脱销	보험을 걸다	投保
매황이 좋다	畅销	보험의 종류	险别
모델번호	型号	보험자	保险人
목적항	到货港口	보험 증권	保单
몰수(하다)	没收	본선 인도	船上交货价（FOB）
무역	贸易	부가세	附加税
물물교환무역	易货贸易	부두	码头
밀봉하다	封口	부품	零件
밀수품	黑货	부자재	辅料
밀수하다	走私	부정기선	不定期船
바꾸어 싣기	转运、转装	분할 적하	分批装货
바이어즈 크레디트	买方信贷	분할 지급	分期付款
바터 무역	易货贸易	불가항력	不可抗力
반대 오퍼	还盘	불경기	不景气
벌금	罚款	비수기	淡季
변경하다	更改	비용	费用
변동 환율	浮动汇率	브랜드	牌子，品牌
배상하다	赔偿	사고	事故

사고 보고	故障报告	성수기	旺季
사본	副本	세관	海关
3국간 무역	转口贸易	세관의 창고	关栈
상담하다	洽谈	소득세	所得税
상표	商标	소매	零售
상품	商品	소매상	零售商
상품 검사국	商检局	소액	小宗（交易）
상표권	商标权	손익	盈亏
상품을 사들이다	进货	손해를 보다	吃亏
상호 계산	挂账付款	손해 배상을 청구하다	索赔
샘플	样品	송금	汇付
생산량	产量	송장	运单
생산지	产地	수송비	运费
생산 제품을 바꾸다	转产	수수료	佣金
서류	单据	수익성	收益性
서명	签名	수입	进口
서플라이어즈 크레디트		수입배급제	进口配额制
	卖方信贷	수입상	进口商
선박명	船名	수입세	进口税
선복	舱位	수입품	进口商品
선복의 예약	订舱	수주하다	接受订货
선불하다	预付	수출	出口
선적	装船	수출 신고서	出口报单
선적 서류	装船单据	수출승인신청서	出口许可申请书
선적시 주의사항	装运须知	수출입	进出口
선하 증권(B/L)	提货单	수출품	出口商品

시세/싯가	行情	외환 관리	汇兑管制
시세 하락	回落	외화준비	外汇储备
시세 회복	回涨	외환시세	外汇牌价
시장 가격	市价	우편 요금	邮费
신고서	申报单	운송장	运货单
신고자	申报人	운송하다	运输
신용장(L/C)	信用证	운임	运费
신용장을 개설하다	开信用证	운임 보험료 포함 인도	到岸价 CIF
실어 나르다	装运	운임 선불	运费先付
스페이스	舱位、船舱	운임 포함 인도	包运价格 C&F
습기 차다	受潮	운임 착불	运费到付
약속 기한을 어기다	误期	유명 브랜드	著名品牌
양도 가능 신용장	可转让信用证	유통되다	周转
업무	业务	유조선	油船
연체료	滞纳金	유효기한	有效期
염가	廉价	원가	原价
영업부	营业部	원금과 이자	本利
예금	存款	원료	原材料
오더	订单	원산지 증명	原产地证明
오일탱커	油船	원화 가치 상승	韩币升值
오퍼	报价	원화 가치 하락	韩币贬值
오퍼 시트	报价单	위탁 가공	来料加工
올리스크	一切险	이윤	利润
옵션	选择权	이자	利息
외상거래	记账方式	인보이스	发货单
외화	外汇	인보이스가격	发货单价格

인보이스카피	发货单副本	펌 비트	实价、固定报价
인보이스총액	发票总额	펌 오퍼	实盘①
인수 후 선적 서류 인도	承兑交单（D/A）	평가절하	贬值
인수하다	承兑	포장(하다)	包装
인플레이션	通货膨胀	포장명세서	装箱单
일반부가위험	一般附加险	포장하지 않은 큰 화물 운반선	
일본 엔화	日元		散装船
입찰 모집	招标	폼 플라스틱	泡沫塑料
카달로그	商品目录	표본추출	抽样
커미션	佣金	품질	质量
캔슬하다	取消	프랑화	法郎
코스트	成本	자금	资金
콘테이너	集装箱	자금부족	资金不足
콘테이너선	集装箱船	자본의 신용도	资信
클레임	索赔	잔업	加班
통관 절차	报关	잔업 수당	加班费
투자	投资	잠시 대신 지불하다	垫付
특수부가위험	特殊附加险	잡화물선	杂货船
특허(권)	专利（权）	장기 계약	长期合同
특혜 관세	特惠关税	재고	库存
파리조약	巴黎公约	재고 과잉	存货过多
판로	销路	적자	赤字
판매가 부진하다	滞销	적하 목록	货单
판매자	卖主	적하비	理舱费
판촉	促销	전손반 담보	全部海损担保

① 펌 오퍼 为外来语。来自英语 firm offer。本书第 239 页确定 오퍼 为 "固有词 + 外来词" 的合成词。

전쟁 위험	战争险	착수금/예약금	定金
접착용 테이프	胶带	참고 가격	参考价格
정기선	班轮	창고비	仓储费
정량	净重	첨단 기술	尖端技术
제반 비용	手续费	초과하다	超过
제재를 가하다	制裁	총량	总重量
조퇴	早退	총판	包销
조항	条款	최저 주문량	起订量
조회하다	查询	추가 주문	续订
주문서	订单	출하하다	发货
주문자 상표(O.E.M)	定牌商标	출하항	装货口岸
주문하다	订货	취소 불가능 신용장	不可撤销的信用证
중계 운송하다	转运	취소 불능	不可撤销
중고품	旧货	취소하다	撤销
중량	重量	하수인	收货人
지급	支付	하인	唛头
지급 기일	付款日期	하역하다	装卸
지급 장소	付款地	하주	货主
지급 조건	付款条件	한도액	限额
지급 후 선적 서류 인도	付款交单（D/P）	한산한 달	淡月
지급하다	付款	할인하다	打折
지정 포장	原厂委制生产	합계 금액	总金额
직물	纺织品	합의하다	协商
직송하다	直运	합작 회사	合作公司
차액	差额	항공 수송	空运
차터 선박/차터선	租船	항구	口岸

항목	条款	화물을 발송하다	发货
해상 수송/해운	海运	화폐	货币
현금 거래	现金交易	화폐가지	货币价值
현금 신용장	即期信用证	확정 오퍼	实盘①
현금 지급	现金付款	환송금	汇款
현물	现货	환어음	汇票
현지 조립	来件装配	환율	汇率

---

① 확정 오퍼为"固有词+外来词"的合成词。本书第237页맘 오퍼为外来语，来自英语 firm offer。

附录三　贸易术语 常用英文缩略语

NO.	약어	영어 전문	한국어	중국어
1	A.R.	All RISK	전위험담보	一切险
2	A/N	ARRIVAL NOTICE	화물도착 통지서	到货通知
3	B/L	BILL OF LADING	선하증권	提单
4	BAF	BUNKER ADJUSTMENT FACTOR	유류 할증료	燃油附加费
5	BUC	BUNKER CHARGE	유류 할증료	燃油附加费
6	C/A	CORRECTION ADVICE	정정 조언	更改意见
7	C/I	COMMERCIAL INVOICE	상업 송장	商业发票
8	C/M	CORRECTION MEMO	정정 메모	更改记录
9	C/N	CORRECTION NOTICE	정정 통보	更改通知
10	C/O	CERTIFICATE OF ORIGIN	원산지 증명서	原产地证明
11	C/T	CONTAINER TAX	컨테이너 지역개발세	集装箱费
12	CAF	CURRENCY ADJUSTMENT FACTOR	통화 할증료	货币汇率附加费
13	C & F	COST & FREIGHT	운임 포함조건	成本加海运费（包运价格）
14	CBM	CUBIC METER	입방 미터	立方米
15	CCF	CUSTOMS CLEARANCE FEE	통관비	报关费
16	CFR	COST & FREIGHT (C&F)	운임 포함 조건	成本加运费
17	CFS	CONTAINER FREIGHT STATION	컨테이너 작업장	集装箱货物集中地（散货仓库）
18	CFT	CUBIC FEET	큐빅 피트	立方英尺
19	CIF	COST, INSURANCE & FREIGHT	운임, 보험료 포함 조건	成本、保险加海运费（到岸价）

（续表）

NO.	약어	영어 전문	한국어	중국어
20	CLP	CONTAINER LOAD PLAN	컨테이너 작업 명세	集装箱内装明细
21	CNTR	CONTAINER	컨테이너	集装箱
22	CY	CONTAINER YARD	컨테이너 야적장	集装箱堆场（整柜交货、起点、终点）
23	C.O.D	CASH ON DELIVERY	현금결제（대금인환지급）	交货付款
24	D/A	NULL AGAINST ACCEPTANCE	환어음 인수도조건	承兑交单
25	D/F	DOCUMENT FEE	서류(B/L) 발행비	制单费
26	D/O	DELIVERLY ORDER	화물인도 지시서	提货单
27	D/O CHG	D/O CHARGE	D/O 발행 비용	换单费
28	DDC	DESTINATION DELIVERY CHARGE	목적지 인도 비용	目的地提货单
29	DDP	DELIVERY DUTY PAID	관세 지급 인도 조건	完税交货
30	DDU	DELIVERY DUTY UNPAID	관세 미지급 인도 조건	未完税交货
31	D/P	NULL AGAINST PAYMENT	환어음 지불도조건	付款交单
32	E/D	EXPIRY DATE	신용장 유효일	信用证有效期
33	E/L	EXPORT LICENCE	수출허가 승인서	出口许可证
34	E/P	EXPORT PERMIT	수출 면장	出口报关单
35	ETA	ESTIMATED TIME OF ARRIVAL	입항 예정일	预计到港日期
36	ETD	ESTIMATED TIME OF DEPARTURE	출항 예정일	离港日期
37	EXW	EX WORKS	공장 인도 조건	工厂交货
38	FCL	FULL CONTAINER LOAD	컨테이너 화물	整柜
39	F.I	FREE IN		包括装船费的运费
40	FEU	FORTY-FEET EQUIPMENT UNIT	40' 컨테이너	40尺集装箱、大箱
41	F/L	FREIGHT LIST	운임목록	运价表
42	FOB	FREE ON BOARD	본선 인도 조건	离岸价格

（续表）

NO.	약어	영어 전문	한국어	중국어
43	FAK	FREIGHT FROM ALL KINDS	품목차별 없는 운임	不区别货类的运费
44	FAS	FREE ALONGSIDE SHIP	선측인도조건	装运港船边交货
45	FMC	FEDERAL MARITIME COMMISSION	미연방해사위원회	联邦海事委员会
46	F.P.A.	FREE FROM PARTICULAR AVERAGE	단독해손부담보	平安险
47	GRI	GENERAL RATE INCREASE	기본 운임 인상	统一涨价
48	HBL	HOUSE B/L	포워더가 발행하는 B/L	货代提单、分单
49	I/L	IMPORT LICENCE	수입허가 승인서	进口许可证
50	I/P	IMPORT PERMIT	수입 면장	进口报关单
51	L/C	LETTER OF CREDIT	신용장	信用证
52	L/G	LETTER OF GUARANTEE	화물선취 보증서	银行担保书
53	L/I	LETTER OF INDEMNITY	화물 보상장	货物补偿单
54	LCL	LESS THAN CONTAINER LOAD	컨테이너 소량화물	拼箱货
55	M/R	MATE'S RECEIPT	본선 수취증	船单
56	M/V	MOTHER VESSEL	모선	主船
57	M/T	METRIC TON		尺码吨（即货物收费以尺码计费）
58	MBL	MASTER B/L	선사가 발행하는 B/L	船公司提单、主单
59	NVOCC	NON VESSEL OPERATING COMMOM CARRIER	무선박운항업자	无船承运人
60	O/F	OCEAN FREIGHT	해상 운임	海运费
61	OBL	ORIGINAL BILL OF LADING	선하증권 원본	提单正本
62	P/L	PACKING LIST	포장 명세서	装箱单
63	PSS	PEAK SEASON SURCHARGE	성수기 할증료	旺季附加费
64	S/C	SERVICE CONTRACT	하주우대계약	销售确认书
65	S/D	SHIPPING DATE	선적일	装船有效期
66	S/R	SHIPPING REQUEST	선적 의뢰서	出口货物委托书

(续表)

NO.	약어	영어 전문	한국어	중국어
67	T/C	TRUCKING CHARGE	트럭 운송료	拖车费
68	T/C	TALLY CHARGE	계수 비용	理货费
69	T/T	TELEGRAPHIC TRANSFER	전신환	电汇
70	T/T	TRANSIT TIME	운항소요시간	航程
71	TEU	TWENTY-FEET EQUIPMENT UNIT	20' 컨테이너	20尺集装箱、小箱
72	THC	TERMINAL HANDLING CHARGE	항내 조작 비용	集装箱码头操作费
73	W/F	WHARFAGE	부두 사용료	销售确认书

附录四　贸易文书格式

1. 출하 통지서

문서 번호 : 제 07-12345 호

수신 : 대한상사

참조 : 안부장

제목 : 상품 <No. 1001> 출하 통지의 건

　　1. 귀사의 날로 번창하심을 기쁘게 생각합니다.

　　2. 변함없이 베풀어주신 각별한 배려에 깊은 감사를 드립니다.

　　3. 지난 1월 1일 전화로 주문해 주신 상품 <No. 1001>을 동봉된 납품서대로 오늘 트럭으로 발송했습니다. 도착하면 검수하여 주시기 바랍니다.

먼저 출하하였음을 알려드립니다.

2020년 2월 10일

북경상사

대리 왕동림

(TEL. OOOOOO　FAX. OOOOOO)

2. 착하 통지서

문서 번호: 제07-12345호

수신: 북경상사

참조: 왕대리

제목: 상품<No. 1001> 착하 통지의 건

  1. 귀사의 각별한 배려에 깊은 감사를 드립니다.

  2. 어제 트럭편으로 출하해 주신 <No. 1001> 상품이 오늘 무사히 도착했습니다. 조속히 검수한 결과 아무런 이상이 없습니다.

물품수령증을 함께 동봉하오니 확인하여 주시기 바랍니다. 먼저 급히 착하 통지서를 보냅니다.

2020년 2월 11일

대한상사

부장 안병덕

(TEL. OOOOOO FAX. OOOOOO)

3. 송금 통지서

문서 번호: 제07-12345호

수신: OO 회사

    영업 부장 OOO 귀하

제목: 상품 대금 송금 통지의 건

  1. 귀사의 무궁한 발전을 기원합니다.

  2. 귀사에서 6월 5일자 대금 청구서로 청구하신 5월분 가공비 대금을 은행에서 전신환(T/T)으로 송금 하였음을 알려드립니다.

먼저 송금한 영수증을 보내드리니 확인하시길 바랍니다.

2020년 2월 15일

OOO회사

경리/과장 OOO올림

(TEL. OOOOOO FAX. OOOOOO)

4. 발송 지연시의 출하 통지서

문서 번호: 제07-12345호

수신: OO 회사 귀중

참조: 총무 부장

제목: 상품 <No. 1002> 반송 안내에 관한 건

  1. 귀사의 무궁한 발전과 번창을 기원하오며 매번 베풀어주시는 따뜻한 배려에 깊은 감사를 드립니다.

  2. 다름이 아니오라 2월 10일자 주문서 22호에 의한 주문상품이 특별 주문품인 데다가 특히 세밀한 공정을 요하는 제품이기 때문에 제작에 예상 외로 시간이 많이 소요되어 애초 약속했던 납품일보다 5일 정도 늦어졌습니다.

  3. 정말로 뭐라 드릴 말씀이 없습니다. 제품은 어제 모두 완성되어 오늘 아침 배로 출고하였습니다. 도착되는 대로 확인하여 주시기 바랍니다.

  4. 납기 지연에 대해 다시 한번 사죄 드리며 아울러 출고한 것을 안내해 드립니다.

감사합니다.

2020년 2월 15일

OOO회사

대표 OOO올림

(TEL. OOOOOO FAX. OOOOOO)

5. 제품 사고 원인 조사 통지서

문서 번호: 제07-12345호

수신: OO 회사 대표 이사 귀하

참조: 생산 관리 부장

제목: OO제품 사고 원인에 관한 건

  1. 평소 저희 회사에 보내 주시는 각별한 성원에 깊은 감사를 드립니다.

  2. 다름이 아니오라 지난번 지적하신 OO제품의 사고 원인을 조사한 결과가 나왔기에 이를 통보해 드립니다.

3. 이번 사고의 원인은 본 제품의 원자재인 부품의 3월 5일자 납입 분 일부에 품질 결함이 있어서 일어난 것으로 판명되었습니다.

4. 이번 사고로 귀사에 누를 끼친 점에 대해 진심으로 사과 드립니다. 이번 사고를 계기로 사전 품질 관리에 만전을 기해 재발을 방지함은 물론 애프터 서비스에도 최선을 다할 것임을 약속 드립니다.

5. 다시 한번 이번의 불미스런 사고에 대해 사과 드리오며 아무쪼록 넓은 마음으로 양해해 주시길 부탁 드립니다.

변함없는 성원을 부탁 드리며 귀사의 번영을 기원합니다.

2020년 2월 15일

○○○회사

대표 ○○○올림

(TEL. ○○○○○○ FAX. ○○○○○○)

6. 상품 가격인상 통지서

문서 번호: 제07-12345호

수신: ○○ 회사 대표이사 귀하

참조: 총무 부장

제목: 제품 ○○ 가격 인상 통지의 건

1. 변함없이 베풀어주시는 성원에 깊이 감사 드립니다.

2. 당사는 업계가 처한 현실을 감안하여 지난 2년 동안 ○○의 납품 단가를 35,000원 선으로 유지해 왔습니다.

3. 그러나 최근 환율 상승에 따른 각종 원자재 값 폭등과 인건비 상승으로 지금의 단가로서는 도저히 감당할 수 없게 되었습니다.

4. 당사는 그 동안 수 차례에 걸쳐 가격 인상을 요청해 왔습니다만 귀사의 사정에 맞춰 인상을 유보해 왔습니다. 그러나 이제는 납품 단가를 인상하는 방법 이외에는 다른 방안이 없다는 결론에 이르렀습니다.

2020년 2월 15일

○○○회사

대표 ○○○올림

(TEL. ○○○○○○ FAX. ○○○○○○)

7. 견적 의뢰서

문서 번호: 제07-12345호

수신: ○○ 회사 대표이사 귀하

참조: 영업 부장 귀하

제목: ○○ 기기 견적서 의뢰의 건

    1. 귀사의 나날이 발전하심을 기쁘게 생각합니다.

    2. 당사는 이번에 ○○제품 생산 계획에 따라 귀사의 제품 ○○기기를 구입하고자 합니다.

    3. 이에 관해서 다음의 번역을 토대로 견적서를 작성하여 보내주시면 감사하겠습니다.

아울러 대량 구입시의 가격 절충 등 더 상세한 정보가 있으면 함께 보내주시기 바랍니다.

다음

1. 품명 및 수량:

2. 인도 기일:

3. 운송 방법:

4. 지급 조건:

5. 견적 금액:

2020년 3월 1일
○○○회사
대표 ○○○올림
(TEL. ○○○○○○ FAX. ○○○○○○)

8. 거래처의 신용 조회서

문서 번호 : 제 07-12345 호

수신 : 대한은행 강남지점 지점장 귀하

참조 : 대출과장

제목 : ○○ 공업사 신용 자료 조회 요청의 건귀 지점의 무궁한 발전을 기원하오며 평소의 각별한 협조 깊은 감사 드립니다.

당사는 이번에 귀 지점과 거래하고 있는 OO 공업사로부터 거래 개시 신청서를 받았습니다만 당사는 위 회사에 관해 전혀 아는 바가 없어 아직까지 회답을 보류하고 있는 형편입니다.

　따라서 매우 어려운 부탁인 줄 아오나 정상적인 상거래 관계에 참고하고자 하오니 다음에 관한 자료를 제공해 주시길 부탁 드립니다.

　또한 제공해 주신 내용에 대해서는 절대로 비밀을 지킬 것을 약속 드립니다.

다음

1. 조사 대상 : 서울 서초구 방배동 11 번지 소재 OO 공업사
2. 조사 사항 : 가 : 재정 상황
　　　　　　　나 : 거래 한도 및 금융 거래 신용 상황
　　　　　　　다 : 영업 상황 등
3. 연락처 : 담당 경리과 OOO 과장 (Tel. 567-1234)

2020 년 3 월 6 일
OOO 회사
대표 OOO 올림

9. 견적서 발송 거절장

문서 번호: 제07-12345호

수신: OO 회사 대표 이사 귀하

참조: 구매 부장

제목: 제품 OOO 견적서 요청 거절의 건

　　1. 평소 베풀어주시는 각별한 관심과 성원에 깊은 감사를 드립니다.

　　2. 이번에 귀사가 요청하신 당사 제품 OOO에 대한 견적서 요청에 대해 여러 각도로 검토했습니다만, 유감스럽게도 귀사의 뜻에 부응할 수 없게 되었습니다.

　　3. 현재 당사의 생산 능력으로는 지정하신 기일까지 납품한다는 것은 도저히 무리라고 판단했기 때문입니다.

　　4. 모처럼의 거래 요청에 부응하지 못하여 정말 죄송스럽기 그지 없으나, 이와 같은 저희 사정을 널리 헤아려 양해해 주시기를 부탁 드립니다.

5. 귀사의 발전과 행운을 기원하며 변함없는 성원을 부탁 드립니다.

2020년 3월 20일

OOO회사

대표 OOO 올림

(TEL. OOOOOO FAX. OOOOOO)

10. 가격 할인 요청 거절장

문서 번호: 제07-12345호

수신: OO 회사 대표 이사 귀하

참조: 구매 부장

제목: 가격 할인 요청에 대한 답신의 건

1. 귀사의 무궁한 발전과 행운을 기원합니다.

2. 오늘 귀사에서 보내 주신 제품 OOO의 가격 할인 요청 서신을 잘 받아보았습니다.

3. 귀사의 의견은 충분히 이해합니다만, 귀사의 3% 가격 할인 요청은 받아들일 수 없을 것 같습니다. 귀사와의 협력 관계를 감안하여 다각도로 검토해 보았지만, 2%이상은 도저히 불가능하다는 결론이 내려졌기 때문입니다.

4. 동종 업계에 확인해 보시면 아시겠지만, 당사가 제시한 금액은 귀사와의 친분과 또 대량 발주인 점은 충분히 고려하여 책정한 아주 저렴한 가격임을 알아주시면 고맙겠습니다.

5. 말씀 드리기 외람되지만 당사가 마지막으로 제시한 가격을 승인하실 수 없다면 당사로서도 부득이 수주를 사절할 수밖에 없을 것 같습니다.

6. 이 점 대단히 죄송스럽게 생각하며 필요하시다면 언제라도 저희 담당자를 방문케 하여 사정을 설명 드리도록 하겠습니다.

귀사의 무궁한 발전을 기원하오며 변함없는 성원과 배려를 부탁 드립니다.

2020년 3월 20일

OOO회사

대표 OOO 올림

(TEL. OOOOOO FAX. OOOOOO)

11. 수량 부족 항의서

문서 번호: 제07-12345호

수신: OO 회사 대표 이사 귀하

참조: 구매 부장

제목: 상품 OOO 수량 부족에 대한 조회의 건

  1. 귀사의 무궁한 발전을 기원합니다.

  2. 지난 3월 15일자로 주문했던 상품 OOO가 오늘 도착했습니다만 귀사의 운송 담당자와 함께 확인해 본 결과 납품 명세서에서의 내용과 실제 수량이 차이가 났습니다.

  3. 별지에 납품서 상의 수량과 실제 수량의 차이를 기재하여 담당자 편에 보냈사오니 즉시 확인하여 조치해 주시기 바랍니다.

2020년 3월 20일
OOO회사
구매 과장 OOO 올림
(TEL. OOOOOO FAX. OOOOOO)

12. 불량품 납입 항의서

문서 번호: 제07-12345호

수신: OO 회사 대표 이사 귀하

참조: 영업 부장

제목: 불량 납입품 반품 요청의 건

  1. 지난 3월 20일 귀사에 주문한 제품 OOO가 오늘 당사에 도착했습니다.

  2. 그러나 유감스럽게도 샘플과는 달리 불량품이 많아 당사로서는 도저히 사용할 수 없는 상태입니다.

  3. 귀사는 품질 관리에 만전을 기하고 있는 것으로 평소 생각해 왔는데, 어떻게 이런 제품을 출하했는지 선뜻 이해가 가지 않습니다.

  4. 제작 과정의 착오라 생각하며 전량을 반품 조치하고자 하오니, 확인해 보시고 이달 30일까지 상품이 반드시 도착할 수 있도록 조치해 주시기 바랍니다.

> 5. 귀사의 조속한 조치를 기대합니다.
>
>
> 2020년 3월 25일
>
> OOO회사
>
> 구매 과장 OOO 올림
>
> (TEL. OOOOOO　FAX. OOOOOO)
>

13. 납기 지연 사과문

> 문서 번호: 제07-12345호
>
> 수신: OO 회사 대표 이사 귀하
>
> 참조: 구매 부장
>
> 제목: 납기 지연에 대한 사과의 건
>
> 1. 항상 배려해 주시는 각별한 성원에 깊은 감사를 드립니다.
> 2. 귀사가 3월 15일자 주문서<No.1001>에 따라 주문하신 제품의 지정 납기일을 지키기 위해 노력해 왔으나, 부품납입 지연에 따라 주문품 생산 공정이 다소 지연되어 죄송스럽게도 지정된 납기일을 지킬 수 없는 상황이기에 이를 알려 드리며 진심으로 사과 드립니다.
> 3. 현재 늦어진 공정을 만회하기 위해 전력을 기울여 제작에 임하고 있사오니, 상품 OOO는 3월 30일, 상품 OOO는 4월 5일까지 틀림없이 도착할 수 있도록 하겠습니다.
> 4. 귀사에 막대한 손해를 끼쳐 드리게 되어 뭐라고 드릴 말씀이 없으나, 부디 저희 사정을 감안하시어 납기를 조금만 연기해 주시기 바랍니다.
> 5. 귀사의 발전과 행운을 진심으로 기원하오며 변함없는 관심과 성원을 베풀어주시길 간곡히 부탁 드립니다.
>
>
> 2020년 3월 25일
>
> OOO회사
>
> 영업 부장 OOO 올림
>
> (TEL. OOOOOO　FAX. OOOOOO)
>

14. 제품 불만에 대한 사과문

문서 번호: 제07-12345호

수신: OO 회사 대표 이사 귀하

참조: 구매 부장

제목: 불량품 납입에 대한 사과의 건

1. 항상 각별한 관심과 성원을 베풀어 주심에 대해 깊은 감사를 드립니다.
2. 이번에 납입한 당사 제품 OOO때문에 귀사에 지대한 피해를 끼친 것에 대해서 뭐라고 드릴 말씀이 없습니다. 진심으로 깊은 사과를 드립니다.
3. 당사 기술 개발부에서 즉시 불량 원인을 조사한 결과, 지난달 20일 당사 협력 업체로부터 납입 받은 부품 OOO의 일부에 문제가 있었던 것으로 판명되었습니다.
4. 다시는 이와 같은 과오가 발생하지 않도록 관계 부문을 철저히 관리할 것을 약속 드립니다. 아울러 불량품에 대해서 전량 사후 조치를 취하겠사오니 부디 관용을 베풀어주시기를 부탁 드립니다.

귀사의 더욱 큰 발전과 행운을 기원합니다.

2020년 3월 25일

OOO회사

대표 OOO 올림

(TEL. OOOOOO FAX. OOOOOO)

商务交际韩国语（第二版）

尊敬的老师：

您好！

为了方便您更好地使用本教材，获得最佳教学效果，我们特向使用该书作为教材的教师赠送本教材配套参考资料。如有需要，请完整填写"教师联系表"并加盖所在单位系（院）公章，免费向出版社索取。

北京大学出版社

教 师 联 系 表

教材名称	商务交际韩国语（第二版）					
姓名：		性别：		职务：		职称：
E-mail：		联系电话：		邮政编码：		
供职学校：			所在院系：			（章）
学校地址：						
教学科目与年级：			班级人数：			
通信地址：						

填写完毕后，请将此表邮寄给我们，我们将为您免费寄送本教材配套资料，谢谢！

北京市海淀区成府路 205 号
北京大学出版社外语编辑部　　刘　虹
邮政编码：100871
电子邮箱：554992144@qq.com

邮 购 部 电 话：010-62534449
市场营销部电话：010-62750672
外语编辑部电话：010-62759634